KB083237

상대를 내 편으로 만드는 호감 대화법

상대를 내 편으로 만드는
호감 대화법(개정 증보판)

초판 인쇄 | 2015년 2월 1일
초판 발행 | 2015년 2월 5일
지은이 | 이경애
펴낸곳 | 도서출판 새회망
펴낸이 | 조병훈
디자인 | 디자인 감7
등록번호 | 제38-2003-00076호
주소 | 서울 강북구 인수봉로 41길 19-1
전화 | 02-923-6718   팩스 | 02-923-6719
전자우편 | jobooks@hanmail.net

ISBN 978-89-90811-72-1   03320

값 12,000원

＊ 이 책은 2009년 발간된 '상대를 내 편으로 만드는 호감 대화법'에
   2013년 발간된 '힐링 대화법'을 개정하여 합본한 개정 증보판입니다.

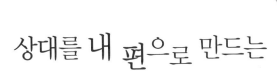

상대를 내 편으로 만드는

호감 대화법

새희망

사람은 누군가의 말 한 마디로 힘을 얻기도 하고 상처를 받기도 한다. 더 나아가 말 한 마디에 그 운명이 달라지기도 한다.

마음을 헤아리는 따뜻한 말은 좌절에 빠진 사람을 일으키지만, 화가 나서 함부로 뱉어내는 말은 칼이 되어 상대의 마음을 찌른다. 말에는 그만큼 위력이 있다. 언제 어떤 경우든 말하기 전에 과연 이 말이 상대에게 힘이 될지 상처가 될지, 생각하고 또 생각한 다음 입을 열어야 한다.

대화에서 가장 중요한 것은 우선 상대의 마음을 여는 것이다. 생각 없이 한 말 한 마디에 마음의 문이 닫히면 더 이상 대화를 이어가기가 어렵다. 긍정적이고 따뜻하고 듣는 사람을 배려하는 말은 마음을 열게 하고, 부정적이고 불친절하고 듣는 사람을 무시하는 말은 마음을 닫히게 한다.

남미의 볼리비아에서 카니발이 열렸다.

사순절을 앞두고 수많은 인파가 몰려 축제는 성황을 이루었다. 거리에는 노점상들이 몰려들어 온갖 물건을 다 팔았는데, 그중 어느 노점에서 아주 작은 모형인 미니어처를 팔았다.

주인은 손님을 끌어모으기 위해 이렇게 소리쳤다.

"새 차를 사고 싶은 사람은 자동차 미니어처를 사세요! 새 집을 장만하고 싶으면 저택 미니어처를 사면 됩니다!"

희망을 갖게 하는 그 말에 마음이 움직인 사람들은 다투어 자동차 미니어처를 사고 저택 미니어처를 샀다. 덕분에 그 노점은 물건이 동날 정도로 장사가 잘되었다.

그때 한 사람이 물었다.

"나는 오래 살고 싶은데, 뭘 사야 하죠?"

주인은 잠깐 생각해 보더니 말했다.

"샌들 미니어처를 사시지요. 샌들 하나가 떨어지는 데 보통 1년이 걸립니다. 그러니 1년을 더 살고 싶으면 한 켤레를 사고, 10년을 더 살고 싶으면 열 켤레를 사면 됩니다. 몇 켤레나 드릴까요, 손님?"

그 손님이 샌들 미니어처를 몇 켤레 샀는지는 알 수 없다. 그러나 분명한 것은 사람들의 마음을 움직이는 주인의 말이 아니었으면 그 노점이 그렇게 성황을 이루지 않았으리라는 사실이다.

말 한 마디에 손님들의 마음이 열리고 주인이 원하는 방향으로 그 지갑까지 활짝 열렸다.

이와 같이 상대가 무엇을 원하는지, 어떤 생각을 가지고 있는지 파악하여 그 입장에서 생각하고 말하면 어떤 사람이든 내 편으로 만들 수 있다.

　사람이 말을 하는 이유는 '소통'을 위해서다. 소통이란 '막히지 아니하고 잘 통함' 또는 '뜻이 서로 통하여 오해가 없음' 이라는 뜻을 가지고 있다. 세상의 모든 문제는 서로 소통되지 않을 때 일어난다. 상대와 눈높이를 맞추는 말, 상대의 입장을 배려하는 말을 하고, 그가 말할 때 성의를 다해 귀를 기울이다 보면 어느덧 '나' 와 '너' 가 소통하게 될 것이다.

CONTENTS

Part 07

남녀사이의 대화

1 Part

마음을
열게 하는 말

사람과 사람의 교류는 곧 마음과 마음의 교류
다. 대화에서 가장 중요한 것은 우선 상대의
마음을 여는 것이다. 생각 없이 한 말 한 마디
에 마음의 문이 닫히면 더 이상 대화를 이어
가기가 어렵다. 만약 상대의 마음이 닫혔다면,
대화에 임하는 자신의 태도나 자세에 문제가
없는지 돌아보아야 한다. 따뜻하고 친절하고
듣는 사람을 배려하는 말은 마음을 열게 하고,
부정적이고 불친절하고 듣는 사람을 무시하는
말은 마음을 닫히게 한다.

깊이 생각하라. 그리고 말하라.
그러나 사람들이 듣기 싫어하기 전에 중단하라.
- 시아디

01

말 한 마디에 운명이 달라질 수도 있다

언젠가 내가 생각 없이 한 말이 누군가의 삶에 영향을 끼쳤는지도 모른다. 말 한 마디 때문에 운명이 달라질 수도 있다. 따라서 입에서 나오는 한 마디 한 마디에 신경을 써야 한다.

천연두 예방법을 발견한 영국의 의학자 에드워드 제너는 종두법 연구에 평생을 바쳤다. 하지만 그의 삶은 순탄치 않았다.

제너는 우두가 천연두를 예방하는 데 효과가 있다는 결론을 얻어 이를 동료 의사들에게 밝혔다. 그러나 그들의 반응은 냉담했다. 심지어 이상한 주장으로 동업자들을 곤경에 빠뜨리면 의학계에서 추방할 것이라고 위협하는 사람도 있었다.

제너가 이런 어려움에 처해 있을 때, 그의 편에 서서 도와준 사람이 스승이자 동료인 외과의사 존 헌터였다. 그와의 만남은 제너의 인생을 완전히 바꿔 놓았다.

제너가 종두법 연구에 대한 자문을 구하자 헌터가 말했다.

"생각만 하지 말고 일단 시도해 보게."

헌터의 말에 용기를 얻은 제너는 연구를 계속하여, 마침내 의학계에서 인정을 받기에 이르렀다.

제너의 경우처럼 사람은 누군가의 한 마디 때문에 그 운명이 달라질 수도 있다. 언젠가 내가 생각 없이 한 말이 누군가의 삶에 영향을 끼쳤는지도 모른다. 따라서 입에서 나오는 한 마디 한 마디에 신경을 써야 한다.

'아름다운 가게'로 유명한 박원순 변호사는 초등학교 때 선생님이 수업시간에 "참 잘했다"고 칭찬하는 소리를 듣고 충격을 받았다고 한다.

"성적도 별로 좋지 않고 장난이 심한 개구쟁이였는데 그런 칭찬을 들으니 '나도 뭔가 잘할 수 있는 아이구나' 하는 생각이 들었지요. 실제로 그후 나는 공부를 잘하게 되었습니다. 하루아침에 세상을 보는 눈이 달라졌지요."

02
나와 다름을 인정할 때 비로소 대화가 통한다

부모와 자식, 시어머니와 며느리, 직장 상사와 부하직원… 사람마다 생각하는 바가 다르고, 특히 세대가 다를 경우에는 더욱 큰 차이가 있다는 사실을 인정할 때 비로소 대화가 통한다. 세상 사람이 다 똑같다면, 그것만큼 재미없는 일도 없을 것이다.

세상에는 참으로 많은 사람이 있다. 그중에는 아무래도 이해하기 힘든 사람도 있을 수 있다. 때로는 너무 어이없는 행동이나 말을 하는 바람에 말문이 막혔던 적도 있을 것이다. 그러나 세상 사람이 모두 나와 똑같다면 얼마나 재미없을 것인가.

내 주변 사람들이 각자 나와 전혀 다른 생각을 가질 수 있음을 인정할 때 소통이 가능해진다.

"나 젊었을 때는 남편은 부엌에 얼씬도 못하는 걸로 알았는데, 요즘 애들은 마치 머슴 부리듯 하니…"

시어머니가 며느리를 두고 이렇게 말한다면, 그녀는 아마 존경의 대상이 되기 힘들 것이다. 그 며느리는 사람마다 생각이 다르며, 특히 세대에 따라서는 더욱 큰 차이가 있다는 사실을 시어머니

가 인정할 때 비로소 대화를 하려고 할 깃이다.

직장 상사가 부하직원에게 말한다.

"내가 처음 직장생활을 시작했을 때는 뭐든지 배우려고 발바닥에 땀이 나도록 쫓아다녔는데, 자네는 도무지 의욕이라곤 없어 보이는군."

그러면 그 부하직원은 속으로 투덜거릴 것이다.

'나는 어디까지나 나야. 각자 개성이 있는 건데…'

그리고 자신과 너무 다른 그 상사와 되도록 함께 일하지 않으려고 할 것이다.

03

대화의 기본은 상대에 대한 배려

말을 잘하는 것도 좋지만, 무엇보다 중요한
대화의 조건은 상대를 배려하는 것이다. 그리
고 더 나아가 분위기를 파악하는 것이다.

마치 테니스를 치는 것처럼 주거니 받거니 즐거운 대화가 되려
면 기본적으로 서로 상대를 배려하는 마음이 있어야 한다. 말을 잘
하는 것도 좋지만, 무엇보다 중요한 대화의 조건은 상대를 배려하
는 것이다. 그리고 더 나아가 분위기를 파악하는 것이다.

자신의 말이나 행동이 자기도 모르는 사이에 상대를 불편하게
만들 수도 있으므로 조심하지 않으면 안 된다.

"집안에 불행한 일이 있었다면서요? 얼마나 마음이 아프세
요?"

"이번에 사업을 다른 업종으로 바꾸셨다구요? 워낙 경기가 안
좋으니 그러실 수밖에 없었겠어요."

자기 딴에는 위로한다고 한 말이지만, 되도록 남들이 몰랐으면

했던 상대는 당황하거나 기분 나쁘게 여길 수 있다.

"곧 결혼하신다면서요? 상대는 어떤 분인가요?"

"사놓으신 아파트가 값이 많이 올랐다면서요? 좋으시겠어요."

아무리 좋은 이야기라도 이런 개인적인 일을 남이 알은체하는 것을 불편하게 생각하는 사람도 있다. 따라서 그런 일은 알아도 모르는 체해 주는 것이 상대에 대한 예의다.

04
마음을 살피면 대화가 통한다

상대가 원하는 말을 한다는 것은 그만큼 그 마음을 읽는다는 뜻이다. 일방적인 대화를 원치 않는다면, 무엇보다 먼저 상대의 마음을 잘 살펴야 한다. 즉 상대가 어떤 상황에 처해 있는지, 또 무엇을 원하는지 정확히 알아야 한다.

"내가 설거지해 줄까?"

공휴일, 점심 식사 후 식탁의 그릇을 치우고 있는 아내에게 남편이 말했다.

"정말?"

아내가 눈을 빛냈다.

사실 아내는 지난밤 아이 때문에 잠을 설쳐서 한잠자고 싶은 생각이 굴뚝같았던 것이다.

"당신 눈밑이 거무스름하니 몹시 피곤해 보여서…"

"고마워. 당신은 어쩌면 그렇게 내 마음을 잘 아는지, 정말 신기해."

상대의 입장을 이해하고 배려하는 남편 혹은 아내가 꾸려가는

　가정은 글자 그대로 지상천국이다. 어려운 처지를 미리 알고 도와
주는 동료 혹은 상사가 있는 직장도 마찬가지다.

　누군가 어려움에 처했을 때 상대가 부탁하기 전에 도와주겠다
고 나서면 더할 수 없이 고마워할 것이다. 다만 상대가 어떤 상황
에 처해 있는지, 무엇을 원하는지에 대해 정확히 알아야 한다.

　상대가 원하는 것을 잘못 알고 엉뚱한 이야기를 하면 오히려
화를 낼지도 모른다.

　한 여자가 애인에게 예쁘게 보이려고 새 옷을 입고 약속 장소

에 나갔다. 그런데 남자는 옷에 대해서는 한 마디도 안하고 만나자마자 식사하러 가자고 일어섰다.

"칼국수 잘하는 집을 알아두었어. 내가 너한테 맛있는 칼국수 사주려고 어젯밤에 인터넷을 다 뒤졌다니까."

물론 그 남자는 애인을 위해 나름대로 애쓴 것이다. 그러나 애인이 원하는 것이 무엇인지 파악하는 데는 실패했다.

'나한테는 관심도 없으면서 칼국수가 그렇게 중요한가?'

만약 그 남자가 "아, 난 또 웬 모델이 나타났나 했지. 정말 잘 어울리네" 하고 나서 칼국수를 먹으러 가자고 했으면 그 여자는 매우 기뻐했을 것이다.

상대가 원하는 말을 한다는 것은 그만큼 그 마음을 읽는다는 뜻이다. 일방적인 대화를 원치 않는다면, 우선 상대의 마음을 잘 살펴야 한다.

05
편견이나 선입관은 마음의 벽을 만든다

내가 상대에 대해 편견이나 선입관을 가지면 상대 역시 나를 호의적으로 대하지 않는다. 그런 것들이 눈에 보이지 않는 마음의 벽을 만드는 것이다. 서로의 사이에 가로막힌 마음의 벽을 허물 때 비로소 설득력은 그 빛을 발한다.

어떤 편견이나 선입관을 가지고 상대를 대하면 올바른 판단을 할 수가 없다. 상대가 아무리 그럴듯한 말을 해도 귀에 들어오지 않는 것이다. 내가 상내에 대해 그런 생각을 가지면, 상대 역시 나를 호의적으로 대하지 않는다. 편견이나 선입관이 눈에 보이지 않는 마음의 벽을 만드는 것이다.

'머리카락을 노랗게 물들인 걸 보니 자유분방한 성격인 것 같아. 아마 차분하게 앉아서 하는 일은 못할 거야.'

'지방대를 나왔네. 수도권 대학을 다닌 사람보다 능력이 뒤떨어지겠군.'

'저 나이에 놀고 있는 걸 보니 별볼일 없는 사람이군.'

이런 편견이나 선입관 못지않게 불신감도 마음에 벽을 만든다.

누가 믿음이 가지 않는 사람의 이야기에 귀를 기울이겠는가.

국민으로 부터 믿음을 얻지 못한 정부는 설사 필요한 정책이라도 시행하기 어려울 것이고, 제자들에게 모범이 되지 못하는 선생은 바른 도리를 가르쳐도 외면당할 것이다. 불신감 때문에 정부와 국민, 선생과 제자 사이의 소통이 어려워지는 것이다.

섣부른 편견, 선입관, 불신감으로 적대적인 관계를 만들지 않도록 조심해야 한다. 서로의 사이에 가로막힌 마음의 벽을 허물 때 비로소 설득력은 그 빛을 발하게 될 것이다.

06

성의 있는 경청은 상대의 마음을 열리게 한다

상대가 말을 할 때는 단순히 소리를 듣는 것이 아닌 경청이 필요하다. 머리로는 딴 생각을 하며 듣는 척할 것이 아니라 정성을 기울여 들어야 말하는 사람의 의도를 파악할 수 있다. 성의 있는 경청은 상대의 마음을 열리게 한다.

말을 잘하기 위해서는 먼저 남이 하는 말을 잘 들을 줄 알아야한다. 내가 남의 말을 들어주지 않으면서 남이 내 말을 들어주리라고 기대할 수는 없다. 상대방이 말하는 바에 내가 관심을 가지고 있다면, 내가 말하는 바에 상대방 역시 관심을 기울일 것이다.

상대가 말을 할 때는 단순히 소리를 듣는 것이 아닌 경청이 필요하다. 머리로는 딴 생각을 하며 듣는 척할 것이 아니라 정성을 기울여 들어야 말하는 사람의 의도를 파악할 수 있다. 성의 있는 경청은 상대의 마음을 열리게 한다. 자신의 이야기에 귀를 기울여주는 사람에게 신뢰를 갖기 때문이다.

남의 말을 잘 듣는다는 것이 쉬운 일은 아니다. 누구나 남의 말을 듣기보다 남이 내 말을 들어주기를 바라기 때문이다. 그래서

남이 말할 때 머릿속으로는 자기 생각에 빠져 있는 사람들이 많다.

"오늘 학교에 갔다오는데 어떤 아이들이…"

어머니가 텔레비전 드라마에 빠져 아들의 말을 건성으로 들으면, 학교 폭력의 희생자가 될지도 모르는 중요한 사실을 놓칠 수도 있다.

"부장님, 이 기획안은…"

다른 일에 바빠 부하직원의 보고를 흘려들으면 전혀 동떨어진 판단을 내릴 가능성이 높다. 그러면 그 부하직원은 자신의 말을 잘 들어주지 않는 상사에 실망해서 일할 의욕을 잃을지도 모른다.

07

남의 말을 잘 들어줄 때
내 말에도 귀를 기울인다

만일 누군가의 이야기가 지루하고 재미없게
느껴진다면, 상대를 탓할 것이 아니라 혹시
듣는 힘이 부족하지 않은지 자신을 돌아보라.
지루함을 참고 이야기를 들어주면 상대도 내
이야기에 귀를 기울일 것이다.

같은 이야기라도 듣는 사람에 따라 그 반응이 다르다.

"지루하고 재미없어서 하품이 나오는 걸 간신히 참았어."

"물론 다 아는 내용을 되풀이하는 것 같아 따분하게 여길 수도 있지만, 난 괜찮게 들었는데."

그렇다면 말하는 사람이 아니라 듣는 사람에게 문제가 있는 것이다. 대화에서는 듣는 것이 우선이다. 만일 누군가의 이야기가 지루하고 재미없게 느껴진다면, 상대를 탓할 것이 아니라 혹시 듣는 힘이 부족하지 않은지 자신을 돌아보라.

"사실 군대 가기 전에는 아빠가 아무리 좋은 말씀을 하셔도 귀에 잘 안 들어왔어요. 그런데 제대를 하고 들으니 모두 지당하신 말씀으로 들리네요. 그만큼 제가 인간적으로 성숙했다는 증거겠죠?"

군대라는 단체생활이 아들의 듣는 힘을 길러준 것이다.

듣는 것도 표현이다. 조금만 관심을 기울인다면 상대방의 이야기를 얼마든지 재미있는 방향으로 이끌 수 있다.

이야기의 요점을 파악하는 힘을 기르면 상대의 이야기가 지루하고 재미없다는 생각을 하지 않게 된다. 즉 이야기를 표면적으로 받아들이지 않고 그 안에 있는 진리를 보게 되는 것이다.

남이 말할 때는 관심을 갖고 열심히 듣겠다는 자세를 갖는다. 그리고 이야기가 다소 지루하더라도 호의를 가지고 끝까지 들어준다. 지루함을 참고 이야기를 들어주면 상대도 내 이야기에 귀를 기울일 것이다. 성경에도 '남에게 대접받고자 하는 대로 남을 대접하라'는 말씀이 있잖은가.

08

정성을 다하는 태도와
친절한 말이 굳어진 마음을
풀어준다

아무리 험악한 상황이라도 상대의 마음이 풀
리면 기분 좋게 바뀐다. 굳어진 마음을 푸는
열쇠는 정성을 다하는 태도와 친절한 말이다.

크리스마스이브에 한 할아버지가 손자에게 줄 크리스마스 선
물을 사러 백화점에 갔다. 백화점 안은 손님들로 북적이고 있었
다. 장난감 코너에서 이것저것 만지며 물어보는 할아버지에게 점
원은 건성으로 대답했다. 아이들을 데리고 나온 가족 단위 손님이
워낙 많아 정신이 없었기 때문이다.

할아버지는 그런 점원의 성의 없는 태도에 화가 치밀었다.

'뭐야, 늙은이라고 무시하는 건가?'

몹시 기분이 상해서 소리를 지르려 하는 할아버지에게 장난감
코너 입구 쪽에 서 있던 아르바이트 점원이 다가왔다.

"할아버지, 마음에 드는 게 없으세요?"

그 상냥한 말씨에 할아버지의 마음이 슬그머니 풀렸다.

"손자 녀석 줄 건데, 어떤 게 좋은지 알 수가 있어야지."

"아, 그러세요? 이건 어떨까요?"

아르바이트 점원은 할아버지에게 이것저것 꺼내어 보여주었다. 높은 데 있는 것은 의자를 놓고 올라가 내리기까지 했다. 어느새 그 얼굴에는 땀이 송글송글 맺혔다.

그 친절한 아르바이트 점원 덕분에 할아버지는 손자에게 적당한 장난감을 고를 수 있었다.

"안녕히 가세요, 할아버지. 즐거운 크리스마스 보내세요."

할아버지는 아르바이트 점원의 인사를 받으며 흐뭇한 마음으로 백화점을 나섰다.

할아버지의 굳어신 마음을 기분 좋게 풀어준 것은 아르바이트 점원의 정성을 다하는 태도와 친절한 말이었다.

09
상대의 생각을 인정하면 대화가 이루어진다

설득의 기본적인 태도는 상대의 생각에 공감하여 같은 입장이 되어 보는 것이다. 상대를 제대로 알지 못하면 설득에 성공할 수가 없다. 내가 상대의 생각을 인정해 주면 원만한 대화가 이루어지지만, 내 생각만 고집하고 그것을 강요하면 대화는 단절되고 감정까지 나빠진다.

많은 사람이 오직 내 입장만을 생각하며 상대를 설득하려고 한다. 상대가 무슨 생각을 하고 있는지, 이 일에 대한 상대의 입장은 어떨지 전혀 배려하지 않고 자신의 입장만 가지고 밀어붙이는 것이다.

설득은 언제나 누군가를 상대로 하는 것, 상대를 제대로 알지 못한다면 성공할 수 없다. 설득의 기본적인 태도는 상대의 생각에 공감하여 같은 입장이 되어 보는 것이다. 즉 내가 상대의 생각을 인정해 주면 원만한 대화가 이루어지지만, 내 생각만 고집하고 그것을 상대에게 강요하면 대화는 단절되고 감정까지 나빠진다.

자녀의 진로를 정할 때 부모가 흔히 범하기 쉬운 잘못이 있다.

"철학과를 가고 싶다구? 그건 안 된다. 그쪽은 장래가 너무 불

투명해."

이렇게 강압적으로 이야기하면, 아들은 더 이상 대화하고 싶은 마음이 없어진다. 아버지 마음을 모르는 바는 아니지만, 자신의 꿈이며 취향 같은 것은 전혀 배려하지 않는다는 생각이 들어 화가 나는 것이다.

만약 아버지가 다음과 같이 말했다면, 아들은 자신의 장래를 위해 그 말을 긍정적으로 받아들였을 것이다.

"물론 순수하게 학문을 할 생각이면 철학과도 괜찮지만, 아무래도 장래 걱정을 안 할 수는 없지. 좀더 현실적으로 생각해 보면 어떻겠니?"

어떤 식으로 말해야 상내가 좋게 받아들일지 입장을 바꾸어 생각해 보고, 말 한 마디로 상대가 적이 되기도 하고 내 편이 되기도 한다는 사실을 기억하라.

10
눈높이를 맞추면 대화가
매끄럽다

남의 잘못을 그냥 지나치지 못하고 꼭 지적
하는 사람이 있다. 너무 따지지 마라. 물이
맑으면 고기가 없다고 했다. 참견하고 비판하
기보다는 상대에게 눈높이를 맞추어 조언하
고 충고해야 한다.

원만한 대화를 하려면 상대를 이해하고 포용하는 마음이 있어
야 한다. 사소한 잘못에 대해 일일이 참견하고 비판하면 상대는
입을 다물어 버릴 것이다.

같은 자리에 있는 다른 사람들은 가만히 있는데, 그냥 지나치지 못
하고 꼭 잘못을 지적하는 사람이 있다. 어쩌면 자신만이 다른 사람의
잘못을 바로잡을 수 있다는 생각에 총대를 멘 것일지도 모른다. 그러나
사람들은 고마워하기보다는 까다로운 성격의 소유자라고 피곤하게 여
길 것이다.

사람이란 자기가 잘못한 줄 알면서도 막상 지적을 당하면 불쾌
하게 생각한다. 부모 자식, 부부, 친구처럼 아무리 가까운 사이라
도 마찬가지다.

"옷을 갈아입었으면 입던 옷은 세탁기에 넣으라고 했잖아. 뭐야, 여기저기 어질러놓고…"

어머니의 나무람에 딸은 뽀로퉁해진다.

"화장하고 나서 갖다넣으려고 했단 말이에요."

이와 같이 충고나 조언 대신 참견이나 비판을 당했다는 생각이 들면 잘못을 뉘우치기보다는 말한 사람에 대한 원망이 더 커지는 법이다.

"거래처에 가면서 중요한 서류를 빠뜨리고 가면 어떻게 하나? 자네 서두르는 거 보고 내가 그럴 줄 알았다니까."

이런 상사의 나무람에 부하직원은 속으로 투덜거릴 것이다.

'약속 시간은 빠듯하고 챙겨야 할 서류는 많아서 그런 건데…'

너무 따지지 마라. 물이 맑으면 고기가 없다고 했다. 상대도 인간이기에 완벽할 수는 없다. 나도 잘못할 수 있다는 생각을 하고, 참견하고 비판하기보다는 상대에게 눈높이를 맞추어 조언하고 충고해야 한다.

11

논리적인 말이라고 해서
언제나 수긍하는 것은 아니다

논리적인 말로는 설득이 안 되던 사람도 감정적인 면에서 수긍이 가면 의외로 쉽게 받아들인다. 바로 진심이 통했기 때문이다. 진심에서 우러나온 말이라야 상대의 마음을 움직일 수 있다.

사람은 스스로 그렇다고 여겨져야 마음이 움직인다. 그러나 논리적으로 타당한 말이라고 해서 언제나 수긍하는 것은 아니다. 사람은 이성적인 동시에 감정적인 양면성을 지녔다. 따라서 논리적인 것만으로는 충분하지 않은 경우가 많다.

설득의 기본적인 태도는 상대방의 감정에 공감하여 같은 입장이 되어 보는 것이다. 논리적인 말로는 도저히 설득이 안 되던 사람도 감정적인 면에서 수긍이 가면 의외로 쉽게 "네" 하는 경우가 있다. 바로 진심이 통했기 때문이다. 진심에서 우러나온 말이라야 상대의 마음을 움직일 수 있는 것이다.

한 공기업의 사장이 지역 순례에 나섰다. 인력 개편으로 술렁일 때라 각 지역의 직원들을 다독이려는 목적이었다. 한 지역의 간

담화장에서 말단 직원 하나가 사장의 말이 끝난 뒤 손을 들고 이야기했다. 요지는 "일할 사람이 모자라서 힘들다"는 것이었다.

사장은 곧바로 각종 데이터를 예로 들며 사람을 더 보충할 수 없는 이유를 조목조목 이야기했다. 그러나 직원들은 사장에게 뭐하러 왔느냐고 빈정거렸다. 그 자리에서 사장은 자신의 입장을 논리적으로 이야기하기보다는 "당신들 심정은 잘 안다"고 감정적으로 위로하고, 최대한 직원들의 이야기를 경청하는 편이 더 나았다.

이 공기업의 사장처럼 이성적인 사람은 논리적으로 상대를 압박하면서 자기 요구를 들어주기를 바란다. 이런 사람에게서는 빈틈을 찾기 힘들다. 지나치게 완벽해서 숨이 막힐 지경이다. 보통 사람은 상대가 전혀 틈을 안 보이면 반발심이 생겨 "네" 할 것도 "아니오" 하게 된다. 이성적인 판단은 힘을 잃고 자기도 모르게 감정이 앞서는 것이다. 감정적인 면을 배려하지 않은 설득은 결국 실패하게 마련이다.

12

감성에 호소할 때 마음이 열린다

사람이란 자신을 알아주는 상대를 위해서는 무슨 일이든 할 수 있다. 그만큼 감성적인 존재다. 감성은 예민한 것이다. 그 감성에 자극을 받을 때 상대가 원하는 바를 들어줄 마음의 준비가 되는 것이다.

설득에서 가장 중요한 것은 이야기를 이끌어 나가는 방식이다. 우선 상대의 마음을 열지 않으면, 목적한 바를 이루는 것은 고사하고 대화 자체를 이어가기가 힘들다.

한 자동차 영업사원이 오래된 차를 가진 고객을 찾아와 말했다.

"차를 바꿀 때가 훨씬 지난 것 같군요. 엔진도 힘이 없고 잔고장이 많지요? 여기 새 차 카탈로그가 있는데, 한번 보시겠습니까?"

이 말에 차 주인은 불쾌한 표정을 지었다.

"아직까진 괜찮소. 당분간은 새 차로 바꿀 생각이 없어요."

그로부터 며칠 후, 이번에는 다른 영업사원이 찾아왔다.

"이 차가 선생님 겁니까? 어릴 때 많이 봤던 차종이라 눈에 익어 반갑네요. 부품도 그렇고 꽤 괜찮은 차로 알려져 있는데, 탈 만하셨지요?"

차 주인은 오랫동안 같은 차를 아끼며 타 온 자신의 성실함을 알아주는 것 같아 마음이 뿌듯했다.

"이 차, 정말 오래 탔지요. 저도 좀 쉬고 싶을 때가 되었을 거요."

감회가 어려 있는 목소리였다. 상대의 마음이 열렸으니, 이제 차 한 대 파는 것은 문제도 아니다.

13

외모보다 첫 한 마디가 인상을 좌우한다

성공적인 인간관계를 맺으려면 첫 한 마디를 잘해야 한다. 사람의 마음을 얻는 데는 외모보다 말이 훨씬 더 중요하다. 어떻게 말하느냐에 따라 앞으로의 관계가 결정되는 것이다.

첫 만남에서 마음을 움직이지 못하면 그 상대와 친해질 수가 없다. 상대의 마음을 움직이려면 우선 첫인상이 좋아야 한다. 첫인상은 상대에 대한 선입관을 만들기 때문이다. 즉 첫인상이 어떠냐에 따라 좋은 선입관을 갖기도 하고 나쁜 선입관을 갖기도 한다. 그 선입관은 앞으로의 관계를 결정짓는 요소가 된다.

첫 만남에서 상대를 내 편으로 만들 수 있는 사람이 일에 대한 능력이 뛰어난 사람보다 더 큰 경쟁력을 가진다. 제아무리 능력이 뛰어나도 남들이 인정해 주지 않으면 일을 성공적으로 이끌어가기 힘든 법이다.

좋은 첫인상을 만드는 데 가장 중요한 조건이 뭐냐고 물으면, 많은 사람이 외모를 꼽는다. 그러나 외모보다 더 중요한 것은 말이다. 첫 만남에서 성공적인 인간관계를 맺으려면 자신의 입장이 아니라 상대방의 입장에서 말해야 한다. 그래야 그 마음을 얻을 수 있다.

특히 영업사원은 첫 한 마디를 어떻게 시작하느냐에 영업의 성공과 실패가 달려 있다 해도 과언이 아니다. 가령 건강보조식품을 파는 영업사원이 만나자마자 "새로 나온 건강보조식품이 있는데, 한번 보시겠습니까?" 하면 대개는 들은 체도 하지 않을 것이다. 그러나 "얼굴색이 좋으신데, 건강관리를 잘하시는 모양입니다" 하면 상대방은 자기도 모르게 다음 말에 귀를 기울이게 된다. 그때를 놓치지 않고 본론으로 들어가면 된다.

"건강은 건강할 때 지키라는 말이 있는데…"

14
마음을 무장해제시키는 한 마디

말 한 마디에 마음이 닫히기도 하고 반대로
열리기도 한다. 마음의 빗장을 여는 것이 바
로 말이라는 이야기다. 같은 값이면 상대의
입장을 배려하는 말, 언짢은 기분을 풀어주는
말을 함으로써 서로 소통하는 데 말이 걸림
돌이 되는 일이 없어야 한다.

별생각 없이 입에서 나오는 대로 말을 하는 사람이 있다. 그런
데 사소한 그 한 마디 말이 상대의 마음을 꽉 닫히게도 하고 활짝
열리게도 한다. 따라서 어떤 말이든 일딘 입 밖에 낼 때는 조심하
지 않으면 안 된다.

부하직원에게 도움을 요청하며 "어때, 일이 없어 심심해 죽겠
지?" 하고 말하는 상사가 있다.

그다지 바쁘지 않으면 도와달라는 말인데, 듣기에 따라서는 기
분이 언짢아질 만한 말투다. 그렇게 말하면 사실 바쁘지 않아도 그
렇다고 대답할 사람은 없다.

'무슨 소리야? 가까스로 바쁜 일 끝내고 이제 좀 쉬는데.'

말 한 마디에 마음이 닫힌 것이다.

만약 그 상사기 "자네도 바쁘겠지만, 좀 도와줄 수 있겠나?" 하고 말했다면, 부하직원의 반응도 달라졌을 것이다.

"아닙니다, 과장님. 바쁜 일은 끝났습니다. 뭘 도와드릴까요?"

말 한 마디로 마음을 무장해제시킨 것이다.

15
가장 좋은 설득의 비결은 자신감 있는 태도다

자신감 있는 사람의 눈빛은 상대방을 압도하고 그 말은 마음을 사로잡는 힘을 가지고 있다. 무슨 일이든 할 수 있다는 자신감을 가지고 말할 때, 상대방은 그를 신뢰하며 적극적으로 도울 것이다.

상대의 호감을 얻으려면 자신감 있는 태도를 보여야 한다. 설사 속으로는 다소 자신이 없더라도 당당하게 나아가야 한다. 시선은 똑바로 상대의 얼굴을 향하고, 말은 큰소리로 분명하게 해야 한다. 일단 이런 태도를 가지면 자기도 모르게 자신감이 생긴다. 당당한 태도가 자신감을 불러일으키는 것이다.

자신감 있는 사람의 눈빛은 상대방을 압도하고 그 말은 마음을 사로잡는 힘을 가지고 있다. 사람이란 자신감을 갖게 되면 자신이 주변 사람들에게 매우 중요한 존재라는 생각을 하게 된다. 무슨 일이든 할 수 있다는 자신감을 가지고 말할 때, 상대방은 그를 신뢰하며 적극적으로 도울 것이다.

한 자동차 영업사원이 처음으로 세일즈에 나서서 한 회사를 방문했다.

"아, 안녕하십니까… 이번에 신차가 나왔는데…"

자신감 없는 눈빛, 들릴 듯 말 듯한 목소리에 아무도 거들떠보는 사람이 없었다. 얼굴이 붉어진 채 그 회사를 나온 그는 어깨를 축 늘어뜨린 채 터덜터덜 걸으며 한숨을 쉬었다.

이렇게 번번이 허탕을 친 끝에 그는 새로운 각오를 했다.

'용기를 내자. 이대로 주저앉을 수는 없다.'

그는 심호흡을 하며 어깨를 쫙 펴고 맨 처음 방문했던 그 회사를 다시 찾아갔다.

"안녕하십니까? 저는 자동차 영업사원입니다. 이번에 좋은 차가 나와서 소개드리러 왔습니다. 다들 바쁘신 것 같은데, 여기 카탈로그를 놓고 갈 테니 필요하시면 연락 주십시오."

밝은 표정에 활기찬 목소리로 그렇게 말하고 힘찬 걸음걸이로 그 사무실을 나왔다.

그런 식으로 자신감 있게 영업을 하니, 놀랍게도 카탈로그를 본 고객들이 하나둘 전화를 걸어 오기 시작했다.

16

내용 못지않게 표현 방법도 중요하다

같은 말이라도 어떻게 표현하느냐에 따라 상대의 마음이 열리기도 하고 닫히기도 한다. 물론 첫째는 내용이 좋아야 하지만, 그에 못지않게 그 표현 방법도 대화를 이어가는 데 중요한 역할을 한다.

말은 무엇보다도 그 내용이 중요하다. 그러나 그에 못지않게 그 표현 방법도 대화를 이어가는 데 중요한 역할을 한다. 속마음은 그렇지 않은데 무뚝뚝한 어조로 말하면, 상대는 내용과 상관없이 마음에 상처를 받을 수도 있다.

관절이 시원치 않은 늙은 어머니에게 딸이 화난 목소리로 말한다.

"가만히 앉아 계시니까 다리가 점점 더 굳어지잖아요. 힘들어도 걷기 운동을 좀 하세요."

물론 딸은 어머니에게 필요한 것은 꾸준한 운동인데 전혀 움직일 생각을 안하는 것이 안타까워서 하는 말이다. 그러나 어머니는 딸의 마음을 잘 알면서도 그 퉁명스러운 말투 때문에 야속하고 서

러운 생각이 들 것이다.

만약 딸이 살가운 말투로 "힘드시겠지만 꾸준히 걸어다니면 많이 좋아질 거예요. 걷기보다 좋은 운동은 없대요" 한다면 어머니도 마음이 움직일 것이다.

퇴근하는 남편을 맞는 아내의 표정이 왠지 개운치 않다.

"왜 그래? 무슨 일 있었나?"

"허리가 좀 아파서요…"

"많이 아프면 병원에 가보라구."

남편은 내뱉듯이 한 마디 하고 방으로 들어가 버린다.

틀린 말은 아니다. 그러나 그 무뚝뚝한 말투에 아내는 눈물을 글썽거린다.

하루 종일 바쁜 일에 시달리다 돌아온 남편으로서는 밝은 얼굴로 맞아주지 않는 아내에게 짜증이 날 수도 있다. 그러나 아내 역시 아이들 돌보랴, 집안일하랴, 게다가 허리까지 아팠으니 얼마나 힘이 들었겠는가.

"얼마나 아픈 거야? 가서 약이라도 사올까?" 하고 부드럽게 말했으면 아내는 아마 감격해서 눈물을 흘렸을 것이다.

이렇게 같은 말이라도 어떻게 표현하느냐에 따라 상대의 마음이 열리기도 하고 닫히기도 하는 것이다.

17

권위적인 말은 거부감과
반발심을 불러일으킨다

상대의 형편은 전혀 생각하지 않은 채 일방
적으로 명령하면 자기도 모르게 반발심이 일
어날 것이다. 권위를 앞세워 억누르려는 부모
나 직장 상사는 자녀나 부하직원과 원만한
대화를 하기가 힘들다. 거부감을 느낀 상대가
마음을 닫아버리기 때문이다.

상대를 배려하지 않는 권위적인 부모, 권위적인 상사는 자녀나
부하직원으로부터 존경이 아닌 배척을 당한다. 그런 사람들은 대
개 자만심이 강하고 자신을 내세우고 싶어하는 경향이 있어, 의식
적으로 아랫사람에게 권위적인 말을 한다.

"잔소리 말고 시키는 대로 해!"

"하라면 하면 되지, 웬 말이 그렇게 많아?"

아무리 부모라도 자녀에게 이런 식으로 말하면 거부감을 갖지
않을 수 없을 것이다.

직장 상사도 마찬가지다.

"시간이 없으니까, 이 자료 빨리 검토해 보고 넘기게."

부하직원이 처해 있는 형편은 전혀 생각하지 않은 채 일방적으

로 명령하면 자기도 모르게 반발심이 일어날 것이다.

'지금 하고 있는 일도 바빠 죽겠는데 어쩌라는 거야?'

위의 두 경우 다 더 이상의 대화는 힘들다. 상대를 억누르는 일방적인 권위에 이미 마음이 닫혀버렸기 때문이다.

& 재치 있는 말로 얻은 신부

독일의 유명한 작곡가 멘델스존은 재치 있는 할아버지가 아니었다면 세상에 태어나지 못할 뻔했다.

그의 할아버지 모세 멘델스존은 곱사등이였는데, 어느 날 함부르크에 있는 한 상인의 집에 갔다가 그 아름다운 딸 프롬체에게 한눈에 반했다. 외모로 볼 때 두 사람은 하늘과 땅 차이였다.

집으로 돌아갈 시간이 되자, 모세는 용기를 내어 프롬세에게 다가갔다. 하지만 프롬체는 본체도 하지 않았다.

그런 프롬체에게 모세가 불쑥 물었다.

"당신은 배우자를 하늘이 정해 준다는 말을 믿나요?"

프롬체는 창 밖으로 고개를 돌린 채 차갑게 대답했다.

"그야 믿지요."

그러자 모세가 말했다.

"한 남자가 태어날 때 신은 신부가 될 여자를 정해 주지요. 내가 태어날 때였습니다. '너의 아내는 곱사등이다.' 나는 놀라서 신에게 소리쳤습니다. '안 됩니다. 차라리 나를 곱사등이로 만드시고, 나의 신부에게

는 아름다움을 주십시오.' 이게 제가 곱사등이
로 태어난 사연입니다."

그 말에 프룸체는 비로소 모세를 똑바로 바
라보았고, 둘은 곧 사랑에 빠졌다.

2 Part

상황을
변화시키는 말

어떤 말을 어떤 경우에 하는가, 곧 같은 말이
라도 어떻게 하는가에 따라 그 결과는 하늘과
땅 차이로 달라진다. 아무리 어렵고 힘든 상황
이라도 말만 잘하면 얼마든지 벗어날 수 있다.
말 한 마디로 꼼짝없이 죽을 고비에서 살아나
기도 하고 천냥 빚도 탕감받을 수 있다.
자신 있고 당당한 태도로 솔직하게 이야기할
때, 꿈쩍도 하지 않을 것 같던 상대의 마음이
움직이고 상황은 내가 원하는 쪽으로 바뀌어
있을 것이다.

말 한 마디가 세계를 지배한다.
- 쿠크

18
정말 수준 높은 사람은
이해하기 쉽게 말한다

아무리 쉬운 외국어라도 상대의 귀에 익숙하지 않거나 흔히 쓰는 말이 아니면 금방 이해하기 어렵다. 말이란 상대가 편안한 마음으로 들을 수 있도록 하는 것이 중요하다. 따라서 자신이 자주 사용하는 것이 아니라 상대가 이해하기 쉬운 용어를 써야 한다.

말이란 아무리 잘해도 상대가 제대로 알아듣지 못하면 아무 소용이 없다. 진정한 의미에서 말을 잘하는 사람은 듣는 사람의 수준, 입장을 배려해 그에 맞는 용어를 쓴다.

"자넨 어빌리티(능력)는 충분한데 애티튜드(태도)가 문제야."

"그 사람은 소셜 포지션(사회적 지위) 자체가 가장 큰 메리트(장점)지."

"뭐 좀 에지(튀는, 뚜렷한) 있는 아이템(종목) 좀 없을까?"

우리말로 해도 충분한 것을 이런 식으로 외국어를 섞어 말하는 사람이 있다. 그러면 자신의 수준이 올라가는 듯한 생각이 드는 모양인데, 상대가 알기 쉽게 말하는 사람이 정말 수준이 높은 것이다.

대부분의 사람들은 자신의 생활에서 습관처럼 되어 있는 표현을 무심코 내뱉는 경우가 있다. 그러나 아무리 쉬운 외국어라도 상대의 귀에 익숙하지 않거나 흔히 쓰는 말이 아니면 이해하기 어렵다.

친한 경우 잘 모르면 무슨 뜻인지 물어볼 수 있다. 하지만 그런 말을 하는 사람이 손윗사람이나 상사라면, 모른다고 선뜻 물어볼 수 없는 것이 현실이다. 혹시 실례가 되지 않을까, 아니면 그런 것도 모른다고 무시할지 모른다는 생각이 들어 이해가 안 되어도 그냥 넘어가는 것이다.

따라서 말이란 상대가 편안한 마음으로 들을 수 있도록 하는 것이 중요하다. 즉 자신이 자주 사용하는 것이 아니라 상대가 이해하기 쉬운 용어를 써야 한다.

19

당당하게 말하면 신뢰감을 가진다

상대가 아무리 말을 잘한다고 해도 결국은 나와 똑같은 사람이다. 지레 겁을 먹을 필요는 없다. 당당한 눈빛으로 하고자 하는 말을 또박또박 할 때 불리한 상황이 유리하게 바뀔 수도 있다.

자기 생각을 이야기할 때는 무엇보다도 당당해야 한다. 당당하게 말하면, 듣는 사람은 자기도 모르게 귀를 기울이고 신뢰감을 가진다.

'워낙 말주변이 없어서…'

'혹시 말을 꺼냈다가 비웃음이라도 당하면…'

이런 생각으로 말해야 할 자리에서 입을 꾹 다물고 있는 경우가 있다. 막상 중요한 결정은 마주앉아 서로의 얼굴을 보며 나누는 대화에서 다 이루어진다. 따라서 모든 일이 그렇지만, 대화에서도 적극적이 아니면 안 된다. 말을 안하는데 어떤 생각을 가지고 있는지 누가 알겠는가.

물론 지나치게 당당하면 자칫 무례하게 보일 수도 있다. 그러

나 자기 생각을 분명하게 표현하지 않으면, "저 사람은 도무지 속을 알 수 없다니까" 하고 불신감을 가지거나 "흐리멍덩하기 짝이 없는 사람이야" 하며 외면할 수도 있다.

상대가 아무리 청산유수로 말을 잘한다고 해도 결국은 나와 똑같은 사람이다. 미리 겁을 낼 필요는 없다. 당당한 눈빛으로 하고자 하는 말을 또박또박 할 때 불리한 상황이 유리하게 바뀔 수도 있다.

20
차분하고 낮은 목소리는
상대를 긴장시킨다

내가 정말 옳다고 주장하고 싶으면 소리지르지 말고 낮은 목소리로 침착하게 따져라. 그 편이 훨씬 효과적이다. 차분하고 낮은 목소리는 듣는 사람을 긴장하게 만드는 힘이 있다.

말을 하는 데 기본이 되는 것은 목소리다. 글이 그 사람을 나타내는 것처럼 목소리도 그 사람을 가장 잘 드러낸다. 자기 주장을 하려면 목소리가 커야 한다고 생각하는 사람이 많은 것 같다.

큰길에서 가벼운 추돌 사고가 났다. 다행히 다친 사람은 없는 듯했다. 그런데 앞차와 뒤차의 운전자가 거의 동시에 문을 열고 뛰어나왔다.

"아니, 운전을 어떻게 하는 거요? 앞에 신호 걸린 거 안 보여요?"

앞차 운전자가 소리치자, 뒤차 운전자도 지지 않고 목청을 높였다.

"그렇다고 갑자기 브레이크를 잡으면 어쩌자는 겁니까?"

경쟁적으로 목소리를 높이던 두 사람은 마침내 서로 멱살잡이를 하기에 이르렀다.

길에 차를 세워놓은 채 싸우다 보니 교통은 완전히 마비되어 사방에서 욕설이 들려왔다.

결국 교통경찰이 와서 두 사람을 경찰서로 데리고 간 다음에야 그 일대의 혼잡이 풀렸다.

교통사고가 났을 때는 목소리 큰 사람이 이긴다는 말이 있다. 그 두 사람 역시 목소리가 커야 상대를 제압할 수 있다고 생각했을지도 모른다.

그러나 내가 정말 옳다고 주장하고 싶으면 소리지르지 말고 차분하고 낮은 목소리를 내라. 그편이 훨씬 효과적이다. 차분하고 낮은 목소리는 듣는 사람을 긴장하게 만드는 힘이 있다. 흥분해서 고함치는 사람에게 맞서 낮은 목소리로 침착하게 따지면 상대는 슬며시 입을 다물어 버릴 것이다.

21
우는 소리는 부담스럽다

어렵고 힘든 때일수록 밝고 자신있는 모습을 보여야 한다. 그래야 상황을 반전시킬 수 있다. 동정심에 호소하여 우는 소리를 하면 상대는 부담스러워서 달아나 버릴지도 모른다.

경기가 어렵다고 사방에서 비명을 지른다. 물건을 만들어도 잘 팔리지 않고, 다행히 팔았다 해도 수금하기가 힘들다. 영업사원들은 거래처에 가서 우는 소리를 하는 것이 습관처럼 되어버렸다.

"이번에 한 건 못하면 회사를 그만두어야 할지도 모릅니다. 사람 하나 살리는 셈 치고 자동차 한 대만 사주십시오."

그러지 않아도 여러모로 힘든데 동정심에 호소하는 이런 이야기를 듣는 상대의 마음이 어떻겠는가. 혹시 큰 신세를 진 적이 있어 이번 기회에 갚아야 할 처지가 아니면, 얼굴을 마주 대하는 것 자체도 부담스러울 것이다.

'우리도 힘들어서 죽을 판인데 지금 자동차 사게 생겼나.'

어쩌면 다음부터는 자리에 있으면서도 없다고 따돌릴지 모른다. 이런 때일수록 밝고 자신있는 모습을 보여야 상황을 반전시킬 수 있다.

"요즘 경기가 안 좋죠? 뭐, 경기야 늘 좋아졌다 나빠졌다 하는 거니까 그냥 내버려두십시오. 자동차를 사기에는 지금이 정말 좋은 기회입니다. 특별소비세가 30퍼센트나 내리고, 게다가 무이자 할부까지 할 수 있으니까요."

밝고 활기찬 목소리로 이렇게 말하면, 자기도 모르게 '그럼 한번 저질러 볼까?' 하는 마음이 생기는 것이다.

22
상대에 대해 미리 연구하면
대화가 수월하다

대화에도 전략이 필요하다. 아무리 좋은 이야
기라도 상대가 호응하지 않으면 대화가 이어
지지 않는다. 전혀 관심이 없거나 싫어하는
분야의 이야기를 혼자 떠든다면, 상대는 지루
해서 하품을 하거나 귀를 닫은 채 속으로 딴
생각을 할 것이다.

진정으로 즐거운 대화를 나누고 싶다면 상대방에 대해 철저히
연구해야 한다. 즉 대화에도 전략이 필요한 것이다. 상대의 직업
이 무엇인지, 무엇을 좋아하고 무엇을 싫어하는지, 어떤 분야에
관심이 있는지 알아서 미리 준비하면 훨씬 수월하게 대화를 이끌
어갈 수 있다.

아무리 좋은 이야기라도 상대가 호응하지 않으면 대화가 이어
지지 않는다. 전혀 관심이 없거나 싫어하는 분야의 이야기를 혼자
떠든다면, 상대는 지루해서 하품을 하거나 귀를 닫은 채 속으로
딴 생각을 할 것이다.

연구 결과 상대가 클래식에 조예가 깊은 사람이라면, 일에 대
한 이야기를 시작하기 전에 이렇게 말해 보라.

"작곡가 중에서는 누구를 좋아하십니까?"

그러면 상대는 아마 눈을 빛낼 것이다.

"베토벤이나 모차르트도 좋지만, 브람스를 가장 좋아합니다."

"그러시군요. 브람스의 곡 가운데 저 같은 문외한도 부담 없이 들을 수 있는 게 있으면 좀 추천해 주십시오."

이와 같이 자신이 관심 있는 분야에 조언을 구하면, 상대는 신이 나서 대화를 풀어 나갈 것이다.

23

상대의 형편에 따라 이야기를 진행하는 방법을 달리한다

하고 싶은 말이 있다면 먼저 상대의 표정을 살펴라. 기분이 어떤지, 내 말을 들어줄 수 있는 형편인지… 그렇게 상대를 배려할 때 상대도 나를 배려한다.

유쾌한 대화를 나누기 원한다면, 말하기 전에 상대의 상태가 어떤지 살펴야 한다. 즉 상대의 형편에 따라 이야기를 진행하는 방법을 연구해야 한다. 기분은 어떤가? 내 말을 들어줄 수 있는 형편인가? 오늘 무슨 일을 겪었으며, 그 일이 그의 기분에 어떤 영향을 미쳤는가?

지친 얼굴로 퇴근한 남편에게 기다렸다는 듯 "옆집 승희네 갔었는데…"라고 말하기 시작하면, 아무리 성격 좋은 사람이라도 짜증을 낼지 모른다.

슬기로운 여자는 자기가 하고 싶은 말을 하기 전에 남편의 표정부터 살피고 "피곤해 보이네요. 어서 씻고 쉬세요"라고 말한다. 그러면 남편도 마음이 풀어져 부드럽게 대꾸할 것이다.

"오늘은 정말 바빠서 눈코 뜰 새가 없었어. 퇴근 시간이 지난 줄도 몰랐다니까."

"그러다가 건강 해치면 어떻게 해요? 아무리 바빠도 적당히 쉬면서 일하세요. 사실 나도 좀 바빴는데, 그 얘긴 나중에 하죠, 뭐."

이 정도 되면 남편 쪽에서 더 궁금해서 재촉하게 된다.

"당신은 무슨 일로 바빴는데?"

24

긴장된 마음을 솔직히
드러낼 때 호감을 느낀다

긴장이 될 때는 그렇다고 솔직하게 말해라. 상
대는 그 솔직함에 호감을 느끼게 된다. 그러면
서먹서먹했던 분위기가 친밀하게 바뀔 것이다.

낯선 사람을 상대로 말할 때는 자기도 모르게 긴장해서 몸이
딱딱하게 굳어진다. 또 자신이 말하고 행동하는 데 따라 성패가 갈
리는 중요한 자리에 서게 되었을 때나 여러 사람을 앞에 두고 말해
야 할 때는 어쩔 수 없이 입술이 얼어붙고 목소리가 떨린다.

그런 경우 누구나 다소간에 긴장감을 느끼게 되는데, 그것은
오히려 정상적인 사람이라는 증거다. 그리고 자신은 몹시 긴장한
것 같지만, 사실 다른 사람들의 눈에는 그 긴장의 3분의 1정도밖
에 보이지 않으니 너무 신경쓰지 않아도 괜찮다.

그래도 긴장이 될 때는 그렇다고 솔직하게 말하는 것이 좋다.
그러면 자신은 긴장이 풀리고 상대는 그 솔직함에 호감을 느끼게
된다.

    대학에서 젊은 학생들을 상대로 특별강의를 하게 된 한 작가가 강단에 올라서서 진땀을 흘리면서 말했다.

    "강의 경험이 많지 않아서 그런지 몹시 긴장되네요. 여러분의 눈이 모두 내 얼굴을 향하고 있으니 무서워서 도망치고 싶은 마음입니다."

    손수건으로 이마를 닦으며 하는 그 말에 대학생들은 우레와 같은 박수로 답했다.

    '괜찮아요, 선생님! 힘내세요!'

    그 무언의 격려에 작가는 힘을 얻었다.

    그 순간 서먹서먹했던 분위기가 일변했다. 강단에 선 작가와 강의를 듣는 대학생들은 서로 한편이 된 듯한 친밀감을 느꼈다. 덕분에 작가는 애초에 생각했던 대로 강의를 잘 끝낼 수 있었다.

25

호칭을 잘못 쓰면 대화가 막힌다

대화가 성공하느냐 실패하느냐는 상대를 어떻게 부르는가에 달려 있다 해도 틀린 말이 아니다. 본론으로 들어가기도 전에 상대의 마음이 닫히는 일을 막으려면 자연스러운 호칭을 쓰는 것이 중요하다.

상대를 어떻게 부르는가, 곧 호칭은 대화의 성패를 결정짓는 데 중요한 역할을 한다. 자칫 호칭을 잘못 쓰면, 상대는 그 다음 말은 들어보기도 전에 마음의 빗장을 닫아건다.

영업사원 중에는 남자면 무조건 '사장님', 여자면 '사모님'이라고 부르는 사람이 있다. 그러나 대부분의 사람들은 그런 호칭에 거부감을 느낀다. 그들은 실제로 사장님도 아니고 사모님도 아니기 때문이다.

'물건 팔려고 입에 발린 말을 하는군.'

내심 이렇게 중얼거릴지도 모른다.

또 특히 옷가게 점원들은 고객의 나이가 많거나 적거나 '언니'라고 하는 경우가 많다. 뭐라고 딱히 부르기 어려워 그러는 줄은 알지만, 마흔 넘은 나이에 새파란 점원으로부터 '언니' 소리를 듣는 고객의 기분이 어떻겠는가.

　　'낯간지럽게 언니는 무슨…'

　　이렇게 되면 본론인 상품 판매로 들어가기도 전에 그 대화는 이미 실패한 것이다. 그보다는 그냥 자연스럽게 '손님'이라고 하는 게 낫지 않을까? 그러면 본론을 꺼내기도 전에 마음이 닫히는 불상사는 막을 수 있을 것이다.

26

명령보다는 부탁이 상대를 움직이게 한다

상대를 움직이고 싶으면 그에 맞는 동기를 부여해야 한다. 비록 아랫사람이라도 명령투로 말하는 것은 좋아하지 않는다. 서로 마음 상하지 않게 생각한 바를 이루고 싶으면 명령이 아니라 부탁이나 의뢰의 말투로 접근해야 한다.

아무리 윗사람이라도 명령투로 말하는 것을 좋아할 사람은 없다. 상대의 마음을 열려면 명령 대신 부탁이나 의뢰의 말투로 접근하라.

자녀에게 급히 심부름을 시켜야 할 경우 "빨리 이 소포 좀 부치고 와" 하는 것보다는 "이 소포 좀 부치고 오너라. 워낙 급한 거라서…" 하면 어차피 하는 심부름이라도 발걸음이 훨씬 가벼울 것이다.

상사가 부하직원에게 무엇인가 지시할 때도 마찬가지다.

"이것 좀 빨리 처리하게" 하는 것보다는 "미안하지만 이것 좀 해줄 수 있겠나? 자네가 아니면 안 되는 일이라서…" 하면, 비록 내키지 않는 일이라도 '내가 아니면 안 된다는데 어쩔 수 없지' 하며 하게 된다.

상대를 움직이고 싶을 때는 움직이기 위한 동기부여를 해야 한다. 위의 경우 '워낙 급한 거라서', '자네가 아니면 안 되는 일이라서'가 상대가 움직이는 데 필요한 동기부여를 한 셈이다.

일이 끝난 다음에는 "네 덕분에 소포가 늦지 않게 도착했단다", "고맙네. 자네 덕분에 일이 훨씬 쉬웠어" 등과 같은 치하의 말로 마무리를 하는 것도 잊지 마라.

27
도움을 청할 때는 합리적인 근거가 있어야 한다

무엇인가 부탁을 할 때는 설득의 과정을 거쳐야 한다. 무조건 도움을 청했다가 거절당하면 서로의 사이가 서먹서먹해질 우려가 있다. 들어주지 않을 수 없는 근거가 있어야 상대의 마음이 움직일 것이다.

누군가에게 도움을 받으려면 설득이라는 과정이 필요하다. 가령 직장에서 퇴근 후 자기만 남아 어떤 일을 해야 할 때, 누군가 도와주면 훨씬 빨리 끝날 것 같아 동료나 부하직원에게 부탁을 한다고 하자. 이 경우 들어주지 않을 수 없는 타당한 근거를 대야 한다. 그래야만 설득이 되어 상대의 마음이 움직인다. 그런 과정 없이 무조건 도움을 청하면 거절당할 수밖에 없다.

'굳이 말하지 않아도 내 사정을 잘 알겠지' 하는 안일한 생각을 가진 사람이 의외로 많다.

그래서 설득이라는 과정을 생략한 채 다짜고짜 도움을 청한다.

"어때, 오늘 퇴근 후에 나 좀 도와줄 수 있지?"

평소에 친하게 지내다 보니 그 정도쯤은 충분히 들어주겠지 하고 쉽게 생각한 것이다. 그러나 상대가 동료든 부하직원이든 나름대로 생활이 있고 계획이 있을 것이다. 다행히 이심전심으로 이해해서 부탁을 들어주면 좋지만, 거절할 경우에는 둘 사이가 서먹해질 수밖에 없다.

다음과 같은 설득의 과정을 거치면, 설령 거절을 당한다 해도 둘 사이는 나빠지지 않는다.

"오늘 퇴근 후에 무슨 약속 있나?"

"응, 있긴 한데… 그런데 무슨 일인가?"

"내일 프레젠테이션 준비 때문에 남아서 일을 해야 하는데, 자네가 도와주면 훨씬 빠를 것 같아서…"

잠깐 망설이던 상대가 묻는다.

"둘이 하면 시간이 얼마나 걸릴까?"

"글쎄, 한 시간 정도면 될 것 같은데. 하지만 자넨 약속이 있다고 하잖았나?"

"한 시간쯤이면 약속을 좀 미루어도 괜찮아."

28
목적한 바를 이루려면 부담을 느끼지 않게 해야 한다

상대가 자신의 이야기에 귀를 기울이게 하려면, 우선 부담을 느끼지 않을 분위기를 만들어야 한다. 목적을 이루려고 본래의 의도를 드러내면 상대는 아예 마음의 문을 닫아버릴 것이다.

상대가 의도적으로 접근하는 것을 좋아할 사람은 없다. 그렇지만 살다 보면 불가피하게 보험 권유라든가 상품 판매 등 목적을 가지고 이야기해야 할 경우가 생긴다. 그럴 때 사람들은 자기도 모르게 경계하는 태도를 취한다. 그런 상황을 벗어나려고 하다가 자칫 본래의 의도를 드러내기라도 하면, 상대는 아예 마음의 문을 닫아버린다. 그때부터는 어떤 말을 해도 먹히지 않게 된다.

자신의 이야기에 귀를 기울이게 만들려면, 곧 애초에 목적한 바를 이루려면 무엇보다 상대가 부담을 느끼지 않을 분위기를 만들어야 한다. 가장 좋은 방법은 상대가 필요로 하는 정보 제공으로 말을 시작하는 것이다. 가령 영업사원이라면, 팔 물건에 대한 이야기 대신 그와 관련된 정보를 알려줌으로써 관심을 끄는 것이 좋다.

"겨울철에는 피부 관리에 특히 유의하셔야 합니다. 피부에 적당한 수분을 유지하려면, 가습기를 틀거나 젖은 빨래를 널고 천연숯을 비치해 두면 도움이 되지요."

"숯이 그런 데도 이용되나 보죠?"

상대가 이렇게 물으면, 숯가루가 들어간 전기 매트의 장점에 대해 이야기를 시작해도 좋다.

29

조급한 마음을 버리고 한 발짝 물러나라

자신의 입장만 생각하고 어떻게든 빨리 결과를 얻으려 한다면 시작도 하기 전에 일을 그르칠 수 있다. 설득하기 전에 한 발짝 물러날 때 상대의 마음을 붙잡을 수 있다. 그 다음 차츰 단계를 밟아 나가면, 아무리 불가능해 보이던 일도 이루어질 것이다.

상대에 대한 설득이 필요한 경우 무엇보다 조급한 마음을 버려야 한다. 자신의 입장만 생각하고 어떻게든 빨리 결과를 얻으려 한다면 시작도 하기 전에 일을 그르칠 수 있다. 처음에는 아주 작은 목표를 가지고 느긋하게 접근해야 한다. 그런 다음 차츰 단계를 밟아 나가면, 아무리 불가능해 보이던 일도 이루어질 것이다.

설득의 목적은 결국 자신의 생각을 관철시키는 것이다. 그렇다면 잠시 한 발짝 물러나는 것은 별로 힘든 일이 아니다.

노련한 영업사원은 "부담 갖지 마시고 우선 이 샘플을 써 보세요" 하고 샘플만 놓고 가버린다.

'그래, 이걸 쓴다고 물건을 꼭 사야 하는 것도 아니니까…'

고객은 그런 생각으로 샘플을 써 보고, 마음에 들면 물건을 사겠다고 자기 쪽에서 연락을 하게 되는 것이다.

이런 경우 만일 조급한 마음에 처음부터 물건을 사라고 권유했으면 아마 상황이 달라졌을 것이다. 설득하기 전에 한 발짝 물러나는 기지를 발휘할 때 상대의 마음을 붙잡을 수 있고, 상황은 불가능에서 가능 쪽으로 바뀌는 것이다.

30

대화를 계속하고 싶으면
넘겨짚지 마라

아무리 머리가 좋은 사람도 다른 사람의 마음을 다 헤아릴 수는 없다. 함부로 넘겨짚다 보면 엉뚱한 오해로 대화가 끊어질 수 있다. 때로는 상대에게 불쾌감을 주어 다툼으로 이어지는 경우도 있다. 성급하게 넘겨짚지 말고 상대방의 이야기를 끝까지 들어라.

머리가 좋다, 이해가 빠르다고 자신하는 사람일수록 '하나를 들으면 열을 안다'는 장점이 있는 반면, 성급한 결론을 내릴 위험성도 크다. 그런 사람들은 상대방의 이야기가 미처 끝나기 전에 앞질러 가기를 좋아한다.

그러나 아무리 머리가 좋은 사람도 다른 사람의 마음을 다 헤아릴 수는 없기 때문에 함부로 넘겨짚다 보면 엉뚱한 오해로 대화가 끊어질 수 있다. 때로는 상대에게 불쾌감을 주어 다툼으로 이어지는 경우도 있다.

"늦어서 미안해요, 아빠. 사실은…"

늦게 귀가한 딸이 변명을 시작하자 아버지는 뒷말은 들어 보지도 않고 소리부터 지른다.

"지금까지 그 녀석과 함께 있다가 온 거지?"

사실 버스가 급정거를 하는 바람에 가벼운 부상을 입어 치료를 받고 왔다면, 딸은 아버지의 넘겨짚는 말에 더 이상 말하고 싶은 생각이 사라질 것이다.

상사가 어떤 일에 대해 설명하기 시작한다.

"알겠습니다. 그러니까 부장님은 제가 거래처에 연락하기를 바라시는 거죠?"

부하직원이 앞질러 이렇게 말하면 상사는 불쾌한 표정을 지을 것이다.

"아직 내 이야기 끝나지 않았어. 다 듣고 나서 말하라구."

보통은 말하고자 하는 내용의 골자가 뒤에 올 경우가 많다. 성급하게 넘겨짚지 말고 상대방의 이야기를 끝까지 듣는 습관을 길러야 한다.

31

다 알 것이라는 전제로 말하면
상대가 당황할 수 있다

공부를 많이 했다고 해서 세상 모든 일을 다 알는 것은 아니다. 전문 분야가 아닌 일에는 뜻밖에도 무식한 사람이 많다. 따라서 그쯤은 다 알 것이라는 사실을 전제로 말하면 상대가 못 알아들을 수도 있다.

다른 사람과 유쾌한 대화를 나누고 싶다면, 내가 알고 있는 사실을 상대도 당연히 알고 있으리라는 생각부터 버려야 한다.

소위 일류대학 물리과를 나온 친구가 잡지 뒤에 '국유철도 특별취급 승인'이라고 적힌 것을 보고 "이 책, 철도국에서 발행하는 건가 봐" 해서 놀란 적이 있다. 자기 전문 분야가 아닌 일에는 의외로 무식한 사람이 많은 것이다.

"아니, 자네 그것도 모르나?" 하면 상대의 마음이 닫혀 더 이상의 대화는 불가능해진다.

"잠깐 착각을 한 모양인데, 그건 우편물로 발송할 때 철도에서 특별화물로 취급한다는 말이야."

"그래? 난 정말 몰랐어. 가르쳐줘서 고맙네."

이렇게 해서 마음의 문이 열리고 대화가 이어지는 것이다.

앞의 예에서 알 수 있듯 공부를 많이 했다고 해서 세상 모든 일을 다 아는 것은 아니다. 아무리 책을 많이 읽었어도 자기가 직접 겪지 않은 일은 잘 모른다. 따라서 그쯤은 다 알 것이라는 사실을 전제로 말하면 상대가 못 알아들을 수도 있다. 그런 때는 "물론 알고 있겠지만" 하고 기본적인 상식을 설명해 주는 센스가 있어야 한다.

32

잘못을 지적할 때도 상대의 자존심은 세워줘야 한다

누구나 잘못에 대해 일일이 잔소리를 하고 지적하면 자기도 모르게 반발심을 가지게 된다. 자존심도 세워주고 지적하고자 하는 바도 부드럽게 전달하려면, 무엇보다 상대를 존중하는 마음이 있어야 한다.

사람들은 누구나 지적받는 것을 싫어한다. 어쩌다 남편이 냉장고를 열어보고 싫은 소리를 한다.

"냉장고를 이렇게 꽉꽉 채워두면 안 된다고 했잖소. 이러면 냉장 기능이 떨어진다니까."

그런 말을 듣고 기분 좋게 생각할 여자는 아마 없을 것이다.

그러나 "나도 어디서 들은 말인데, 냉장고는 약 60퍼센트 정도만 채우는 것이 좋다는군. 너무 꽉 채워두면 음식이 쉽게 부패하고 전기 소비량도 많아진대" 하면 그 말은 쉽게 받아들일 수 있을 것이다.

아내의 자존심도 세워주고 지적하고자 하는 바도 부드럽게 전달했으니 부부 사이가 나빠질 일은 없다. 요컨대 잘못을 지적하는

데도 예의가 있어야 한다는 말이다.

시어머니와 며느리 사이도 마찬가지다. 살림 경험 많은 시어머니 눈에 젊은 며느리의 집안일하는 솜씨가 어설퍼 보일 것은 말하지 않아도 알 만하다. 그렇다고 일일이 잔소리를 하고 지적을 하면, 며느리는 자기도 모르게 반발심을 가지게 된다.

"김치를 담그려면 찹쌀풀부터 끓이라고 했잖니. 번번이 일러줘도 잊어버리는구나."

이렇게 잔소리를 하는 것보다는 "애들 치다꺼리 때문에 정신이 없어서 찹쌀풀 끓이는 걸 잊은 모양이구나. 배추를 다듬으면서 아예 찹쌀을 꺼내놓으면 안 잊어버릴 거야" 하면 며느리는 열린 마음으로 시어머니의 충고를 받아들일 수 있을 것이다.

33

잘못을 저질렀을 때는 솔직히 인정하고 용서를 구해라

어떤 불리한 상황이라도 자신의 잘못을 솔직히 인정하는 모습을 보여야 신뢰를 얻을 수 있다. 체면이나 위신 때문에 가벼운 잘못을 감추려다가 그것이 더 큰 잘못으로 이어질 수도 있다. 잘못을 인정하고 사과하면 질책하는 대신 적극적으로 도와줄 것이다.

살다 보면 누구나 잘못을 저지를 수 있다. 그런데 잘못을 저질렀을 때 구구하게 변명부터 늘어놓는 사람, 다른 사람 때문에 그럴 수밖에 없었다고 책임을 떠넘기는 사람이 있다.

"사장님께 올릴 보고서에 왜 이렇게 오자가 많은가? 대체 이런 거 하나 제대로 못하고 뭐하는 건가?"

"미스 송이 워드를 쳤는데, 검토를 해보고 넘긴다는 게 그만 과장님이 너무 급하게 서두르시는 바람에…"

워드를 친 미스 송과 상사의 탓으로 돌리는 이런 식의 변명은 상황을 더욱 악화시킨다.

"그럼 자네 잘못은 하나도 없고 다 다른 사람 탓이란 말인가! 자넨 앞으로 이 일에서 빠지게."

어떤 불리한 상황이라도 자신의 잘못을 솔직히 인정하는 모습을 보여야 다른 사람들에게 신뢰를 얻을 수 있다. 체면이나 위신 때문에 가벼운 잘못을 감추려다가 그것이 더 큰 잘못으로 이어질 수도 있다.

"죄송합니다. 아무리 바빠도 제가 잘 검토해 보았어야 하는데… 앞으로 조심하겠습니다."

이와 같이 잘못을 인정하고 사과하면 상사도 질책하는 대신 적극적으로 도와주게 된다.

청소년인 자녀가 어쩌다 질나쁜 친구들과 어울리다 폭력사태에 휘말리게 되었다고 하자. 부모님에게 꾸중들을 것이 두려워 가출을 해버리면 문제가 복잡해진다.

잘못을 털어놓고 용서를 빌면 부모님은 어떻게든 바람직한 방향으로 해결하려고 애쓸 것이다. 그리고 잘못을 저지른 데 실망하기보다 솔직하게 용서를 구한 자녀의 행동을 기특하게 여길 것이다. 잘못을 저질렀다는 사실 자체가 없어진 것은 아니지만, 상황은 180도로 달라졌다.

34

화를 웃음으로 슬기롭게 넘겨라

인간관계에서 승리하고 불리한 상황을 반전시키려면 화를 웃음으로 다스리는 기술을 익혀라. 화나는 말을 들었다고 참지 못하고 화를 내면 결국 자기 손해다.

특별히 악의가 있는 것도 아니면서 들으면 화날 말만 골라 가며 하는 사람이 있다.

"자넨 젊은 나이에 왜 그렇게 머리가 휑한가?"

사십도 안 되어 머리숱이 엉성해져서 그러지 않아도 신경이 쓰이는 판에 이런 말을 들으면 누구나 화가 치밀 것이다.

그러나 그런 눈치 없는 사람을 상대로 화를 내다 보면 우스운 꼴이 되고 만다. 웃음으로 슬기롭게 넘기는 것이 이기는 길이다.

"날씨도 더운데 시원하고 좋지, 뭐."

자신의 약점을 꼬집는 소리에 감정을 드러내지 않고 이렇게 말한다는 것은 참으로 어려운 일이다. 그러나 그 한 마디로 그는 이미 대화의 승자가 되었다. 또한 그만큼 인간적으로 성숙하다는 증거를 보인 것이다.

화나는 말을 들었다고 참지 못하고 화를 내면 결국 자기 손해다. 화를 냄으로써 마음이 풀리는 경우도 있지만, 돌아서면 '조금만 참을걸' 하는 후회가 밀려올 것이다. 또 주위사람들로부터는 농담처럼 한 말에 속좁게 반응을 보였다는 평판을 들을 수도 있다. 인간관계에서 승리하고 불리한 상황을 반전시키려면 화를 웃음으로 다스리는 기술을 익혀라.

& 아 다르고 어 다르다

어느 날 국왕이 이가 모조리 빠지는 꿈을 꾸었다.

한 해몽가가 국왕의 꿈 이야기를 듣고는 이렇게 풀이했다.

"흉몽입니다. 전하의 가족이 모두 전하보다 먼저 세상을 뜰 것입니다."

국왕은 크게 노하여 그를 감옥에 가두었다.

이때 다른 해몽가가 앞으로 나섰다.

"정말 좋은 꿈입니다. 전하께서 가족들 가운데 가장 오래 사실 겁니다."

국왕은 매우 기뻐하며 그 해몽가에게 상금을 내렸다.

대신들이 그 해몽가에게 말했다.

"당신이 말한 것은 앞서 감옥에 간 해몽가의 풀이와 같은 뜻이잖소. 그런데 이렇게 대우가 다른 까닭이 뭐요?"

그 말에 그 해몽가가 말했다.

"맞습니다. 그와 나의 해몽은 같습니다. 문제는 무엇을 말하느냐가 아니라 어떻게 말하느냐입니다."

3 Part

상대를 내 편으로 만드는 말

대화 상대의 마음이 열리고 원하는 방향으로
상황이 달라졌다면, 그를 확실한 내 편으로 만
드는 마무리 작업이 필요하다. 즉 상대의 신뢰
를 얻고 서로의 관계를 한 발짝 진전시켜야
한다. 상대가 무슨 생각을 하고 있는지, 무엇
을 원하는지 파악하여 그의 입장에서 나를 돌
아보면 그 해답이 나올 것이다.

좋은 약은 입에 쓰지만 병에 이롭고
충고하는 말은 귀에 거슬려도 행함에 이롭다.
- 사마천

35

사람은 자신을 인정해 주는 사람과 한편이 된다

사람은 자신을 알아주는 사람의 말을 듣게 마련이다. 자신의 존재를 인정받게 되면 저절로 상대를 인정하는 마음이 생기고, 그 순간 서로 한편이 되는 것이다.

사람은 누구나 인정받기를 원한다. 어떤 사람이든 한 가지쯤은 자부심을 느끼는 점이 있다. 그것은 원만한 인간관계일 수도 있고 뛰어난 능력일 수도 있고 또는 화통한 성격일 수도 있다. 그런 점을 있는 그대로 인정해 주는 것이 곧 상대의 존재를 인정하는 일이다.

사람은 자신을 알아주는 사람의 말을 듣게 마련이다. 특히 직장에서는 상사로부터 인정받고 있다는 사실이 다른 무엇보다 강력한 에너지가 된다.

"자네가 아니면 이 프로젝트를 추진하지도 않았을 걸세."

"이 일에 아마 자네만한 적임자는 찾아보기 어려울 거야."

이런 말에 움직이지 않을 부하직원이 어디 있겠는가. '너 아니면 안 된다'는 말이 상대를 내 편으로 만든 것이다.

함께 주번을 하게 된 친구가 아침 일찍 나와서 교실 청소를 하고 있는 짝에게 말했다.

"넌 참 부지런하구나. 이 다음에 무슨 일을 하든 잘할 거야."

짝은 자신의 수고를 인정받았다는 사실에 기분이 좋아진다.

"나야 뭐 집이 가까우니까… 너야말로 집도 먼데 일찍 서둘렀나 봐."

고등학교 교사가 된 친구가 오랜만에 만난 동창에게 말했다.

"애널리스트(투자분석가)가 되려면 금융 지식도 풍부해야 하고 날카로운 판단력도 있어야 한다는데, 자넨 정말 대단해."

애널리스트라는 자기 직업에 자부심을 가지고 있던 친구는 자신을 인정해 주는 그 말에 뿌듯함을 느꼈다.

"대단하긴… 난 오히려 자네가 존경스러운데. 고삐 풀린 망아지 같은 아이들을 잘 가르쳐 사회의 일꾼으로 길러내는 일을 하고 있으니 말일세."

이와 같이 자신이 인정을 받게 되면 저절로 상대를 인정하는 마음이 생기고, 그 순간 서로 한편이 되는 것이다.

36

공통의 관심사가 대화를 즐겁게 한다

사람이란 서로 관심사가 같아야 친해진다. 유쾌한 대화를 나누고 싶다면 상대의 관심사가 무엇인지 잘 살펴라. 만약 상대방이 내가 말하고자 하는 주제에 관심을 가진다면 대화는 쉽게 풀린다.

지금은 없어졌지만, 초등학교나 중고등학교 동창을 찾는 텔레비전 프로그램이 있었다. 어릴 적 친구는 세월이 아무리 흘러도 그리운 법이다. 머리에 서리가 내린 중년들이 '영식아', '순자야' 서로 이름을 불러 가며 부둥켜안고 활짝 웃는 모습은 보는 사람으로 하여금 아련한 추억에 잠기게 했다.

그런데 그 프로그램을 보며 '저 사람들, 다음에 몇 번이나 다시 만날까?' 하는 의문을 가진 적이 있다. 보고 싶은 마음에 찾긴 했지만, 지난 추억을 이야기하고 나면 더 이상 할 말이 없어질 것이 뻔하기 때문이다. 살아온 과정도 다르고 현재 하고 있는 일도 전혀 다른 그들에게는 어릴 적 추억 말고는 공통의 관심사가 없다는 것이 문제다. 특히 단둘이 만났을 경우 공통의 화제가 없으면 분위기가 어색해져서 다음 만남을 기약하기 어렵다.

사람이란 서로 관심사가 같아야 친해진다. 공통의 화제가 있어 대화가 즐겁기 때문이다. 즐거운 대화를 나누고 싶다면 상대의 관심사가 무엇인지 잘 살펴야 한다. 만약 상대방이 내가 말하고자 하는 주제에 관심이 있다면 대화는 쉽게 풀린다.

"스포츠 좋아하십니까?"

"네, 좋아합니다. 그런데 직접 하는 것보다는 관전하는 걸 좋아하지요."

"어떤 경기를 즐겨 보십니까?"

"프로 야구를 즐깁니다."

"아, 그러십니까? 저도 프로 야구라면 밥 먹는 것도 잊어버릴 정도로 좋아합니다."

이쯤 되면 두 사람은 이미 서로 통하는 사이가 되었다. 프로 야구라는 매개체가 두 사람을 유쾌한 대화의 파트너로 묶어주고, 서로 내 편이라는 느낌을 갖게 했다. 이후의 대화는 어떤 내용이든 매끄럽게 풀려 갈 것이다.

37
칭찬에는 사람을 감동시키는 힘이 있다

칭찬은 사람의 마음을 움직일 수 있는 가장 좋은 방법이다. 입에 발린 말과 달리 마음에서 우러나온 칭찬은 사람을 감동시키는 힘이 있다. 지나쳐서 아부로 비쳐질 염려만 없다면 칭찬의 말을 아끼지 마라.

칭찬이란 상대의 좋은 점을 말로 표현하는 것이다. 그러나 관심을 가지고 찾아내지 않는 한 쉽게 눈에 들어오지 않는 것이 남의 장점이다. 이것이 칭찬이 어려운 이유다.

까다로운 상대를 만나면 어떤 식으로 말을 풀어가야 할지 난감할 때가 있다. 그럴 때 그 사람의 장점을 찾아서 칭찬의 말로 시작하면 보다 쉽게 대화를 할 수 있다. 자신의 장점을 칭찬하면 상대는 자연스럽게 마음을 열게 되고, 덕분에 대화는 부드럽게 이어지는 것이다.

"늘 활기가 넘치시네요. 건강 비결이 뭔가요?"

"넥타이 고르는 안목이 정말 뛰어나신 것 같아요. 멋져요."

대부분의 사람들은 이런 말을 쉽게 하지 못한다. 자칫 아부한

다는 오해를 받을 수도 있기 때문이다.

아부와 칭찬은 다르다. 하는 말에 별차이가 없다 해도 그 말을 하는 사람의 마음은 전혀 다르다. "칭찬은 마음속에서, 아부는 이빨 사이에서 나오는 것이다"라는 말이 있다. 칭찬은 그만큼 진실한 마음이 담겼다는 뜻이다.

칭찬은 사실을 표현하는 것이다. 따라서 상대뿐 아니라 주변 사람들도 공감하지만, 아부는 사실이 아니기 때문에 모든 사람을 불편하게, 또는 불쾌하게 만든다.

입에 발린 말과 달리 마음에서 우러나온 칭찬은 사람을 감동시키는 힘이 있다. 또한 칭찬은 사람의 마음을 움직일 수 있는 가장 좋은 방법이다. 너무 지나쳐서 아부로 비쳐질 염려만 없다면 칭찬의 말을 아끼지 마라.

38
칭찬은 여럿이 있는 자리에서 하는 것이 효과적이다

아마 칭찬을 싫어하는 사람은 없을 것이다. 칭찬은 둘이 있을 때보다 여러 사람이 있는 자리에서 하는 것이 더 효과적이다. 그러나 사실에 근거한 칭찬만이 상대를 즐겁게 만들고 주변 사람들로 하여금 순수하게 축하해 줄 마음이 생기게 한다.

말 한 마디에 상대의 마음을 얻을 수 있고 친밀감을 갖게 하는 것이 칭찬이 가진 힘이다.

너무 심하게 말을 더듬어 친구들로부터 '말더듬이' 라는 놀림을 받는 소년이 있었다.

말을 더듬기 때문에 소년은 책 읽는 것도 싫어했다. 그런 소년에게 어머니가 말했다.

"아마 세상에 너만큼 생각의 속도가 빠른 아이는 없을걸. 네가 말을 더듬는 건 미처 입이 그 속도를 따르지 못하기 때문이야."

어머니의 칭찬에 힘을 얻은 소년은 더 이상 친구들의 놀림에 부끄러워하지 않았다. 그리고 생각의 속도만큼 말도 빨리 해야겠다고 생각했다.

소년은 틈날 때마다 어머니와 함께 책읽기를 하고, 꽃에 물을 주거나 강아지에게 먹이를 줄 때면 끊임없이 말을 걸었다.

"오늘은 날씨가 정말 좋지? 기분은 어때?"

이렇게 어머니의 칭찬을 먹고 자란 소년은 나중에 큰 인물이 되었다. 그가 바로 세계적인 그룹 GE(제너럴 일렉트릭)의 최고 경영자를 지낸 잭 웰치다.

칭찬의 힘은 그만큼 대단한 것이다. 만일 단점까지도 칭찬할 줄 아는 그런 어머니가 없었다면 잭 웰치는 성공할 수 없었을 것이다.

잭 웰치를 비롯하여 아마 세상에서 칭찬을 싫어하는 사람은 없을 것이나. 그런데 칭찬은 둘이 있을 때보다 여러 사람이 있는 자리에서 하는 것이 더 효과적이다.

"이 사람이 이번에 부장으로 승진했어요."

"이분 따님이 그 어렵다는 공무원 시험을 통과했답니다."

사실 그런 이야기는 자랑하는 것 같아 자기 입으로 말하기는 다소 쑥스러운 것이다. 그것을 여러 사람이 있는 자리에서 자연스럽게 꺼내주면, 자기를 대신해 자랑스러운 일을 널리 알려준 상대에 대해 고마움을 느끼고 호감을 갖게 된다.

그러나 이때 조심할 점이 있다. 사실을 지나치게 부풀려 이야기하거나 사실이 아닌 칭찬을 하면, 당사자는 민망스러워지고 그 자리에 있던 사람들은 실없는 사람이라고 외면을 할지도 모른다. 사실에 근거한 칭찬만이 상대를 즐겁게 만들고 주변 사람들로 하여금 순수하게 축하해 줄 마음이 생기게 한다는 것을 잊지 마라.

39
말이 안 통할 때는 자신을 돌아보라

대화가 안 통할 때, 화를 내며 시비를 가리려고 하다가는 오히려 역효과가 난다. 상대를 탓하지 말고 자신에게 어떤 문제가 있는 건 아닌지 생각해 보라.

누군가와 대화를 할 때 좀처럼 말이 통하지 않는 듯한 느낌을 받을 경우가 있을 것이다. 상대는 내 말이 귀에 들어가지 않는지 계속 엉뚱한 소리만 하고 있다.

'도대체 말을 듣는 건가 마는 건가?'

화를 내며 시비를 가리려고 하다가는 오히려 역효과가 난다.

그런 때는 상대만 탓해서는 안 된다. 자신에게 어떤 문제가 있는 건 아닌지 생각해 보아야 한다.

'내가 조리있게 말하지 못해서 그런 걸까? 혹시 발음이 분명치 못한 건 아닐까?'

부모 자식 사이에도 마찬가지다. 기껏 불러앉혀 놓고 장래에 도움이 될 만한 이야기를 해주는데도 자녀들의 얼굴에는 지루해

하는 표정이 역력하다.

"왜, 내 얘기가 듣기 싫으냐?"

섭섭한 듯 그렇게 말할 것이 아니라, 이야기하는 방법이 틀리지는 않았는지 생각해 보라. 아이들이란 설교조의 일방적인 이야기에는 귀를 막게 되어 있다. '나는 말할 테니 너희는 들어라'가 아니라 격의 없이 이야기를 주고받는 분위기가 되면 자녀들도 흥미를 느끼고 나름대로 할 말이 있을 것이다.

40

경험담이나 구체적인 사례가 신뢰감을 준다

실제 경험담은 상대의 귀와 마음을 열게 하고, 구체적인 사례는 듣는 사람으로 하여금 상황을 명확히 인식할 수 있게 한다. 전자가 상대의 감정에 호소하는 것이라면, 후자는 상대의 이성에 호소하는 것이다.

"이번에 새로 개발한 샴푸인데, 펜타데칸산글리세리드 성분이 머리카락의 성장을 도와 빠지는 것을 막아줍니다."

이런 이론적인 이야기보다 "이 샴푸로 머리를 감은 후 머리카락에 힘이 생기고 굵어졌어요. 물론 탈모도 훨씬 줄었지요" 하는 실제 경험담이 상품을 살까 말까 망설이는 사람의 마음을 붙잡아 확실한 고객으로 만드는 효과가 있다. 자신이 직접 써보았다는 말이 상대의 귀와 마음을 열게 하고 그 상품에 대해 신뢰감을 갖게 하는 것이다.

실제적인 경험담이 상대의 감정에 호소하는 것이라면, 구체적인 사례는 이성에 호소하는 것이다.

"점차 경기가 좋아지고 있으니 이 사업은 충분히 전망이 있습니다."

이런 추상적인 표현으로는 상대에게 확신을 심어주지 못한다. 이 말만 듣고 그 사업에 투자하기에는 아무래도 미덥지 못한 것이다.

상대를 설득하려면 경기가 좋아지고 있다는 증거가 될 만한 구체적인 예를 들어야 한다. 막연히 좋다거나 전망이 있다는 말로는 목적한 바를 이루지 못한다. 숫자를 이용하는 것도 한 가지 방법이다.

"작년에는 코스피 지수가 1000포인트 아래로 내려갔었는데 올해는 상반기에 벌써 300포인트 가까이 올랐고, 환율은 달러당 1100원으로 안정권에 들어섰습니다. 이런 추세라면 틀림없이 경기가 회복될 것입니다."

이와 같이 구체적인 숫자는 듣는 사람으로 하여금 상황을 명확하게 인식할 수 있게 한다. 따라서 상대는 말하는 사람을 신뢰하고 이성적으로 판단하여 자기 나름대로 결론을 내리게 되는 것이다.

41

알면서 속아줄 때도 있어야 한다

상대도 나처럼 불완전한 사람이다. 때로는 어이없는 실수도 하고 속이 빤히 들여다보이는 거짓말도 할 수 있다. 그런 그를 넓은 마음으로 이해하고 포용할 때 내 편이 되는 것이다. 한두 번쯤은 알면서도 속아줄 수 있어야 한다.

일반적으로 사람이란 자신에게는 관대하면서 남에게는 까다로운 잣대를 들이댄다. 자신이 실수를 하면 피치 못한 일이었다고 하면서, 남이 실수하면 어떻게 그럴 수가 있느냐며 입에 거품을 무는 것이다. 자신이 하면 사랑이고 남이 하면 불륜이라는 말도 있지 않은가.

그러나 상대도 나처럼 불완전한 사람이다. 때로는 어이없는 실수도 하고 속이 빤히 들여다보이는 거짓말도 할 수 있다. 그런 그를 넓은 마음으로 이해하고 포용할 때 내 편이 되는 것이다.

"아니, 몸이 아파서 조퇴한다고 하더니 극장에 갔었단 말이야?"

선생님이 고개를 푹 숙이고 있는 학생에게 호통을 친다.

생각하면 자신을 속인 학생이 괘씸하지만, 얼마나 영화를 보고 싶었으면 그랬을까 한 번쯤 눈감아줄 수도 있는 일이다. 그러면 그 학생은 알면서 속아준 선생님이 고마워서라도 앞으로는 학교생활에 충실할 것이다.

"일이 많아서 야근했어."

귀가가 늦은 데 대한 남편의 변명이 의심스러워도 그대로 믿는 척해라. 꼬치꼬치 따지다 보면 말다툼이 되고, 그것으로 가정의 평화는 깨지는 것이다. 물론 거짓말이 습관처럼 되면 안 되겠지만, 한두 번쯤은 알면서도 속아줄 수 있지 않겠는가. 아마 남편은 동료들과 당구를 치면서 직장생활로 쌓인 스트레스를 풀고 왔을 것이다.

42

기분 좋게 받아들일 수 있는 여건을 마련한 다음 충고해라

아무리 진지한 충고라도 자존심을 건드리거나 마음의 상처를 자극하면 역효과가 난다. 상대는 혹시 자신을 낮추어 보고 그런 말을 하는 것은 아닌가 불쾌하게 생각할 수 있다. 충고를 기분 좋게 받아들일 수 있는 여건을 마련한 다음 입을 열어야 한다.

비록 자신을 위해서라고 해도 충고를 기분 좋게 받아들일 사람은 별로 없다. 특히 동료나 친구처럼 가까운 사이에 충고할 때는 조심해야 한다. 자칫 잘 나가는 자신에게 샘이 나서 그런 말을 한다고 생각할 수도 있기 때문이다.

틀림없이 도움이 될 것이라고 생각하여 애정어린 충고를 해도, 상대가 흔쾌히 받아들이지 않으면 그냥 입다물고 있었던 것만 못한 상황이 된다. 상대의 잘못을 바로잡아 주고 싶은 마음에 무조건 충고의 말부터 꺼내면 안 된다. 상대는 혹시 자신을 낮추어 보고 그런 말을 하는 것은 아닌가 불쾌하게 생각할 수 있다. 그런 상황에서는 충고를 기분 좋게 받아들이기 힘들다.

아무리 진지한 충고라도 상대의 자존심을 건드리거나 마음의

상처를 자극하면 역효과가 난다. 허물없던 인간관계에 금이 갈 우려가 있다. 따라서 적절한 분위기를 만들어 충고를 기분 좋게 받아들일 수 있는 여건을 마련한 다음 입을 열어야 한다.

"자넨 상사들에게 지나치게 저자세야. 동료들이 다 수군거리고 있으니 조심하게."

이렇게 말하면 자신을 위한 충고라기보다는 대놓고 흉을 보는 듯한 느낌이 들 것이다.

"자네가 동료들과 상사들 관계를 원만하게 만들려고 애쓰는 건 잘 알고 있네. 하지만 그게 지나치면 아부하는 걸로 보일 수도 있지."

이런 식으로 진심을 담아 말하면, 상대도 자신을 위한 충고라는 사실을 수긍하고 잘못된 점을 고치려 할 것이다.

사람이란 누구나 되돌아보고 싶지 않은 과거가 있게 마련이다. 그런데 그 일을 입에 올리면 상대는 더 이상 이야기하고 싶은 생각이 없어질 것이다.

선생님이 말썽을 피우다 적발된 학생을 꾸짖는다.

"넌 어떻게 하는 짓이 늘 그 모양이냐?"

그 학생은 지금 잘못한 일뿐 아니라 과거사까지 싸잡아 욕을 먹고 있는 것이다.

'내가 아무리 잘해도 선생님은 인정해 주지 않을 거야. 이왕 이렇게 된 바에야 모범생이 되려고 애쓸 필요도 없지.'

반발심에 그 학생은 영영 빗나갈지도 모른다.

부부 싸움을 할 때도 그렇다.

지난 일을 들추거나 당사자 말고 다른 가족 이야기를 끌어들이면 싸움이 커진다.

"당신 동생이 우리 집을 담보로 대출해서 쓴 돈을 늦게 갚는 바람에 얼마나 고생했어? 하여튼 당신네 식구들은 일생에 도움이 안 된다니까."

"아니, 다 지나간 이야기를 왜 또 하는 거예요? 지금 그 일이 무슨 상관이에요?"

아예 헤어질 생각이 아니라면 지금 싸우고 있는 문제에 대해서만 거론해야 한다.

상대의 잘못을 기억하지 않는 것이 서로의 관계를 해치지 않는 일이다. 누군가 자신에게 잘못한 점을 머릿속에 일일이 저장해 둔다는 것은 얼마나 피곤한 일인가. 되도록 상대가 잘한 일만 기억하자.

43

지적은 비난이 아니라
진심어린 권유여야 한다

누군가의 생각이나 행동이 상식에서 약간 벗
어난 것일지라도 일일이 비난조로 나무라지
마라. 스스로도 잘못한 것을 알고 있는데 날
카로운 어조로 지적당하면 누구라도 반발심
이 일어난다. 그렇게 되면 지적하는 목적은
어디론가 사라지고 두 사람 사이에는 껄끄러
운 감정만 남게 될 것이다.

살다 보면 다른 누군가의 실수나 고쳐야 할 행동을 지적하게
되는 경우가 종종 있다. 이럴 때 지적받은 상대는 대부분 기분 나
빠하고, 상대의 잘못을 지적하는 사람 역시 언짢은 기분이 들기 쉽
다.

직장 상사나 부모로서 부하직원이나 자녀의 실수 혹은 잘못을
그냥 지나치지 못하고 그때그때 날카롭게 지적하는 사람이 있다.

"드라이버나 펜치 같은 건 쓰고 나면 제자리에 갖다놓으라고
몇 번이나 말해야 알겠니? 혹시 귀가 잘못된 거 아니냐?"

"그 옷 차림이 왜 그 모양이냐? 깡총해 가지고 꼴불견이구나."

"자넨 왜 번번이 지각인가? 다른 직원들 보기 미안하지도 않
나?"

"매사에 그 모양으로 덤벙대니, 자넨 정말 구제불능이야."

이런 감정 섞인 지적에 부하직원이나 자녀들은 주눅이 들어 잘 해 오던 일도 제대로 못할 경우도 있고, 마음에 큰 상처를 입기도 한다.

물론 아랫사람의 잘못이나 실수가 눈에 보이는데 윗사람으로서 좋은 말만 할 수는 없을 것이다. 그러나 그 방법이 문제다. 그 잘못이나 실수를 정말 고치기 바란다면, 비난하듯 나무랄 것이 아니라 진심을 담아 나쁜 점을 지적하여 고치도록 권해야 한다.

설사 누군가의 생각이나 행동이 상식에서 약간 벗어난 것일지라도 일일이 비난조로 나무라지 마라. 스스로도 잘못한 것을 알고 있는데 날카로운 어조로 지적을 당하면 누구라도 반발심이 일어난다. 그렇게 되면 지적하는 목적은 어디론가 사라지고 두 사람 사이에는 껄끄러운 감정만 남게 될 것이다.

44
말을 줄여라

반드시 말을 잘해야만 즐거운 대화를 할 수 있는 것은 아니다. 누군가 말을 독점하고 상대는 억지로 들어야 하는 관계는 바람직하지 않다. 정말 이야기를 잘하는 사람은 상대가 말을 많이 하도록 유도한다.

성경에 '혀는 일만 악의 뿌리'라고 했다. 지나치게 말을 많이 하면 사람이 가볍게 보이고, 하지 말아야 할 말까지 하는 실언의 원인이 된다. 또 그럴듯한 말솜씨로 속여넘기려는 게 아닌가 하여 상대로부터 의심의 눈초리를 받게 된다.

반드시 말을 잘해야만 유쾌한 대화를 할 수 있는 것은 아니다. 너무 말을 잘하면 오히려 대화가 잘 안 될 수 있다. 상대는 대화를 나눈다기보다 연설을 들을 가능성이 높기 때문이다.

망년회다 신년회다 해서 여럿이 모일 기회가 많은 자리에서 다른 사람에게는 말할 틈도 주지 않고 거의 일방적으로 떠드는 사람이 한두 명은 있게 마련이다. 나머지 사람들은 몇 차례 끼어들 기회를 엿보다가 그것이 여의치 않으면 아예 포기하게 된다.

"뭐야, 혼자만 떠들고… 열심히 지껄이게 놔두고 우린 술이나 마시자구."

여러 사람이 모인 자리에서는 서로가 서로를 배려해야 한다. 아무리 잘 알고 있는 이야기라도 자기만 떠들어서는 안 된다. 다른 사람에게도 말할 수 있는 기회를 주어야 한다. 그리고 각자의 가치관에 따라 다르게 해석될 수 있는 이야기라면, 자기만 옳고 상대는 틀렸다는 식으로 매도하면 안 된다.

대화란 어느 한쪽이 불만을 가지게 되면 이어지지 않는다. 누군가 말을 독점하고 상대는 억지로 들어야 하는 관계는 바람직하지 않다. 아무리 좋은 이야기라도 상대는 그저 듣는 척할 뿐 제대로 귀를 기울이지 않는다.

정말 이야기를 잘하는 사람은 상대가 말을 많이 하도록 유도한다. 상대의 이야기를 통해 새로운 정보를 얻고, 또 그가 말하는 동안 자신의 생각을 정리하여 꼭 해야 할 말을 할 수 있는 것이다. 이와 같이 말하는 사람과 듣는 사람이 서로를 배려할 때 원만하고 즐거운 대화가 이루어진다.

45

침묵이 대화보다 나을 때가 있다

말보다 침묵이 더 설득력이 있을 때가 많다. 대화를 하다가 잠깐 사이가 뜰 때는 당황하지 말고 천천히 생각을 정리한 다음 말하는 것이 현명하다. 내 쪽에서 말하지 않고 상대가 말문을 열 때까지 기다리는 것도 괜찮다.

대화를 하다 보면 잠깐 사이가 뜰 때가 있다. 그 침묵이 어색해서 '무슨 말이든 해야 할 텐데…' 하다 보면 자기도 모르게 당황하게 된다. 당황하면 생각지도 않은 말이 튀어나와 대화 분위기는 더욱 엉망이 되고 만다.

대화가 이어지지 않는 시간은 고작해야 10초 내지 15초 정도로, 실제로는 아주 짧은 동안에 지나지 않는다. 이런 때는 마음의 여유를 갖고 천천히 생각을 정리한 다음 말하는 것이 현명하다. 내 쪽에서 말하지 않고 상대가 말문을 열 때까지 기다리는 것도 괜찮다.

보통은 대화가 끊어지지 않고 계속되어야 좋은 것으로 알고 있다. 그러나 말보다 침묵이 더 설득력이 있을 때가 많다. 특히 여러 사람을 상대로 한 강연이나 강의 같은 경우 침묵은 큰 효과를 발휘한다.

물론 그렇지 않은 경우도 있지만, 강연을 하다 보면 처음부터 끝까지 열띤 분위기를 유지할 수가 없다. 아무래도 산만해지는 순간이 있게 마련이다. 그런 때 강사는 말을 끊고 청중들의 얼굴을 천천히 둘러보는 것이다.

'무슨 일이지?'

갑작스러운 강사의 침묵에 청중들은 긴장하여 말없이 그 입을 쳐다보게 된다. 잠깐의 침묵이 청중들을 강사에게 집중시키는 역할을 한 것이다.

46

화부터 내면 상대는 적이 된다

무엇인가 눈에 거슬리는 짓을 할 때는 필시
그만한 이유가 있게 마련이다. 미처 사정을
알아보지도 않은 채 화부터 내면 상대는 적
이 될 수도 있다.

"좀 이따가 갈게요."

자녀에게 심부름을 시켰는데 이렇게 말하면, "아니, 지금 갔다
오라니까 왜 이따가야?" 하고 다짜고짜 화를 내는 사람이 있다. 그
러면 자녀는 이유를 묻지 않고 화부터 내는 부모에게 자기도 모르
게 반항심이 생길 것이다.

'내 사정은 알려고 하지도 않고…'

사실 그는 조금 전 입사원서를 낸 회사에서 불합격 통지서를
받고 의기소침해 있을 수도 있다. 그런 사정을 알고 위로해 주기는
커녕 무조건 화부터 내면 그 부모와 자녀 사이는 어쩔 수 없이 멀
어지게 된다.

"서류 좀 복사해 오라고 한 게 언젠데 이제 오는 건가?"

시킨 일을 늦게 했다고 부하직원에게 화부터 내면 안 된다. 어쩌면 그는 계단을 바삐 오르내리다가 발목을 삐끗하는 바람에 한의원에 가서 침을 맞고 왔을 수도 있는 것이다.

"부장님은 서류 복사만 중요하고 제가 어떻게 되든 상관없으시겠죠?"

그것으로 상사와 그 부하직원은 껄끄러운 사이가 되는 것이다.

자녀든 부하직원이든 무엇인가 눈에 거슬리는 짓을 할 때는 필시 그만한 이유가 있게 마련이다. 미처 사정을 알아보지도 않은 채 화부터 내면 상대는 내 편이 아니라 적이 될 수도 있다.

& 상대의 마음을 헤아리는 말

솔 휴럭은 미국 음악계에서 손꼽히는 매니저다. 그는 세계적인 예술가들과 일하면서 상대방의 마음을 헤아리는 것이 얼마나 중요한가를 깨달았다.

유명한 베이스 가수 표도르 샬리아핀이 메트로폴리탄 오페라 극장에서 공연을 하는 날이었다. 그날 낮 갑자기 샬리아핀이 휴럭에게 전화를 걸었다.

"휴럭 씨, 오늘은 목구멍이 꽉 막힌 것 같고 어쩐지 컨디션이 좋지 않아요. 아무래도 오늘 저녁에 노래를 한다는 건 무리예요."

이대로 공연을 취소하면 경제적으로나 이미지 면에서 큰 손해를 볼 것이 뻔했다. 휴럭은 즉시 샬리아핀이 묵고 있는 호텔로 달려갔다.

"아이구, 정말 많이 불편해 보이는군요. 물론 노래는 하지 말아야지요. 당장 공연계약을 취소해야겠어요. 손해가 몇천 달러는 되겠지만, 무엇보다 당신 몸이 중요하니까 푹 쉬어요."

그러자 샬리아핀은 한숨을 쉬면서 말했다.

"좀더 기다려 봅시다. 저녁 다섯 시쯤 상태가 어떨지 보는 게 좋겠어요."

다섯 시에도 휴럭은 동정심에 찬 표정으로 달려

와 아무래도 공연을 취소해야겠다고 말했다.

샬리아핀은 또 한숨을 쉬며 "한 번 더 와 보세요. 일곱 시 반쯤이면 낫겠지요"라고 말했다.

마침내 일곱 시 반이 되자, 샬리아핀은 스스로 공연을 하겠다고 말했다. 단, 먼저 휴럭이 무대에 올라가 오늘은 샬리아핀이 심한 감기에 걸려서 목소리 상태가 좋지 않다는 발표를 해야 한다는 조건을 달았다. 자신의 입장을 충분히 이해하고 공감하는 듯한 휴럭의 말이 샬리아핀의 마음을 움직인 것이다.

4 Part

유쾌한
대화를 위해
해서는 안 되는 말

대화를 유쾌하게 이끄는 사람은 상대에 따라
해야 되는 말, 해서는 안 되는 말을 제대로 가
릴 줄 안다. 농담이라도 상대의 자존심을 건드
리는 민감한 말은 하면 안 된다. 또 아무리 친
한 사이라도 그 스스로 가장 큰 약점이라고
생각하는 부분은 절대 건드리지 말아야 한다.

말이 입힌 상처는 칼이 입힌 상처보다 깊다.
- 모로코 속담

47

남을 깎아내린다고 내가
올라가는 것은 아니다

남을 깎아내리면 내가 먼저 깎인다. 내 자존
심이 소중하면 남의 자존심도 소중한 법이다.
남의 자존심을 지켜줄 때 내 자존심도 지켜
진다는 사실을 잊지 마라.

누군가 소위 '떴다' 하면 깎아내리는 사람이 있게 마련이다.

"응, 그 친구? 어렸을 때는 대책 없는 망나니였는데 지금은 정
말 사람 됐지."

"개천에서 용 난 셈이지. 집안이라곤 볼 것도 없고, 가난하긴
또 얼마나 가난했는데."

그런다고 그렇게 말하는 사람이 높아지는 것은 아니다. 오히려
남을 깎아내리면 내가 먼저 깎이는 것이다.

당사자가 그 말을 전해 듣는다면 어떤 반응을 보일지 생각해
보라.

"자기 집안은 얼마나 대단해서… 그럼 저는 개천에서 미꾸라지
난 건가?"

이렇게 비웃을지도 모른다.

주위에 잘나가는 사람이 있으면, 무조건 깎아내리려 하지 말고 이왕이면 이렇게 말하면 어떨까.

"그 사람, 어려서부터 싹이 보였어. 언젠가는 출세할 줄 알았다니까."

"그렇게 노력하더니 드디어 빛을 보는군."

잘된 사람을 좋은 마음으로 칭찬하는 말에 듣는 사람도 흐뭇해질 것이다.

내 자존심이 소중하면 남의 자존심도 소중한 법이다. 남의 자존심을 지켜줄 때 내 자존심도 지켜진다는 사실을 명심해라.

48
지나친 겸손은 미덕이 아니다

겸손이 미덕이기는 하지만 지나치면 부담스
럽다. 지나친 겸손은 지나친 자랑만큼 사람
마음을 불편하게 만든다. 겸손의 본질은 자신
을 깎아내리는 것이 아니라 다른 사람을 존
중하고 그들로부터 배우려는 마음이다.

입만 열었다 하면 자기 자랑을 늘어놓는 사람을 대하는 것은
곤혹스러운 일이다. 따라서 대부분의 사람들은 겸손한 사람을 좋
아한다. 그러나 옛말에 '공손함도 지나치면 오히려 예의가 아니
다' 라는 말이 있다. 겸손이 미덕이기는 하지만 지나치면 부담스럽
다.

"제가 뭐 할 줄 아는 게 있어야지요"라고 말하지만 가만히 들
어보면 결국 자기 자랑인 경우가 많다.

어떤 사람이 열심히 노력해서 좋은 결과가 나왔을 경우 "저는
별로 한 게 없습니다. 주위에서 도와주신 덕분에…"라고 말한다면
겸손이 아니라 가식으로 보일 것이다.

또는 아이 돌잔치나 집들이 때 상다리가 휠 정도로 음식을 준

비해 놓고도 "차린 것도 변변치 않은데 오시라고 해서 죄송합니다"라고 말한다면 '이게 변변치 않은 거야?' 하는 생각에 자리가 불편해질 것이다.

이왕이면 "사실 저도 열심히 했지만 다들 도와주시지 않았다면 이런 좋은 결과가 없었을 것입니다"라고 하거나 "정성껏 준비하긴 했는데 입에 맞으실지 모르겠네요. 많이 드세요"라고 하면 듣는 사람도 부담이 없을 것이다.

이렇듯 지나친 겸손 또한 지나친 자랑만큼 사람 마음을 불편하게 만든다. 사실 겸손이란 스스로를 깎아내리는 것이 아니라 자신을 자랑하지 않고 다른 사람을 존중하는 태도를 일컫는다. 그럼에도 사람들은 종종 자신을 깎아내리는 것을 겸손이라고 착각한다.

지나친 겸손은 더 이상 미덕이 아니다. 겸손의 본질은 자신을 깎아내리는 것이 아니라 다른 사람을 존중하고 그들로부터 배우려는 마음임을 명심해라.

49

상대의 약점을 건드리지 마라

말을 할 때는 상대가 어떻게 받아들일지 신중하게 생각하고 해야 한다. 아무리 친한 사이라도 상대가 스스로 약점이라고 생각하는 부분은 건드리지 말아야 한다. 다른 사람이 보기에는 별것 아닌 일도 사람에 따라서는 큰 약점으로 여길 수도 있는 것이다.

아무리 친한 사이라도 상대가 스스로 약점이라고 생각하는 부분은 건드리지 말아야 한다.

"자네 머리에서 나는 빛으로도 충분하니 조명이 따로 필요없겠군."

"이 친구 완전히 드럼통 같아서 허리가 어딘지 한참 찾았다니까."

친하다고 농담처럼 던지는 이런 말에 상처를 받을 수도 있다. 특히 상대가 그런 사실을 콤플렉스로 생각하고 있다면 더욱 그럴 것이다. 상처에 소금을 뿌리는 격이다.

상대의 약점을 나타내는 말은 바로 대놓고 하지 않더라도 마음을 상하게 할 수 있다.

"눈과 눈 사이가 먼 사람을 보면 저능아 같은 생각이 들어."

누군가 들으라고 한 말이 아니라고 해도, 마침 그 자리에 눈 사이가 먼 사람이 있었다면 그는 그 말에 상처를 받게 된다.

따라서 말을 할 때는 상대가 어떻게 받아들일지 신중하게 생각하고 해야 한다. 은근히 상대의 약점을 빗대어 말하고 나서는, 사실 그런 뜻이 아니었는데 너무 민감하게 군다고 말하면 더욱 불쾌해진다. 다른 사람이 보기에는 별것 아닌 일도 사람에 따라서는 큰 약점으로 여길 수도 있는 것이다.

50
한쪽 말만 듣고 판단하지 마라

두 사람의 의견이 엇갈릴 경우, 중간에 낀 사람으로서는 누구 편을 들어야 할지 난처할 수밖에 없다. 이런 경우 한쪽 말만 듣고 판단하면 공평치 못하다는 말을 듣는 것은 물론이고, 어느 한쪽과는 적이 될 각오를 해야 한다. 양쪽 말을 다 들어보고 신중하게 생각해서 판단해야 원망이 없다.

두 친구가 싸우고 사이가 틀어졌다. 그 중간에 낀 친구는 이편을 들 수도 없고 저편을 들 수도 없고 입장이 매우 곤란해진다.

"저를 위해서 발벗고 뛰었는데, 내 노력은 아예 무시해 버리니 화가 안 나겠어?"

한 친구가 말한다.

이럴 때 "그러게 말이야. 고맙다는 말이라도 한 마디 하면 좋을 텐데" 하고 맞장구를 치면 다른 한 친구와는 멀어질 각오를 해야 한다. 자기도 모르게 한 친구와 한편이 되어 버렸기 때문이다.

그런데 상대편 친구의 말을 들어보면 사정이 전혀 다르다.

"잘되어가고 있는 일에 쓸데없이 초를 쳐가지고 망친 게 누군데?"

그 말이 옳다면 먼젓번 친구가 잘못한 것이 분명하다.

"그래 놓고 노력한 걸 무시했다고 화를 내다니, 뭘 모르는 친구군."

이렇게 왔다갔다하다가는 두 친구 다 놓칠지도 모른다.

한쪽 말만 듣고 판단하는 것만큼 어리석은 일은 없다. '안방에 가서 들으면 시어머니 말이 옳고 부엌에 가서 들으면 며느리 말이 옳다' 는 속담이 있다. 양쪽 말을 다 들어보고 신중하게 생각해서 행동해라.

51

책임을 떠넘기지 마라

어떤 일이 실패로 돌아갔을 때 그 책임을 남의 탓으로 돌리면, 아마 누구도 다시는 중요한 일을 함께 하려 하지 않을 것이다. 깨끗하게 책임을 질 줄 아는 사람 주변에는 많은 협력자들이 찾아든다. 그런 사람은 혼자서는 이룰 수 없는 큰일도 능히 해낼 수 있다.

다 함께 머리를 맞대고 한 일이 실패로 돌아갔을 때 "사실 난 처음부터 일이 잘 안 될 것 같았어"라며 슬그머니 한 발짝 물러난다면, 아마 다시는 그런 사람과 중요한 일을 도모하려 하지 않을 것이다.

아들이 말썽을 부려 문제가 생기자 학교에서 학부형을 호출했다.

"아니, 당신은 애들 교육을 어떻게 시킨 거야?"

남편이 화를 내며 아이가 잘못된 책임을 모두 아내에게 돌린다면, 아내는 억울한 생각에 더 이상 남편과 말하고 싶지 않을 것이다.

『채근담』에 '명예를 독점하지 말고 부끄러움을 남에게 떠넘기지 말라'는 말씀이 있다. 즉 '완전한 명예와 아름다운 절개는 혼자만 차지할 것이 아니다. 남에게도 어느 정도 나누어줌으로써 선망과 질투의 대상이 되지 말아야 한다. 또 실패와 오명을 모두 남에게 떠넘겨서는 안 된다. 자신도 어느 정도 그 책임을 짐으로써 겸손을 기르고 인격을 연마해 나가야 한다'고 했다.

일이 잘 풀려나갈 때 '모든 것이 여러분의 덕'이라는 생각을 하는 사람, 또 실패하여 곤경에 처했을 때 '운이 나빴어. 어떻게든 빨리 수습해야지' 하며 책임을 나누어 지려 하는 사람 주변에는 협력자들이 찾아들게 마련이다. 그런 사람은 혼자서는 이룰 수 없는 큰일도 능히 해낼 수 있다.

52

노파심에서 같은 말을
되풀이하지 마라

모든 일이 지나치면 모자라는 것만 못하지만,
특히 대화를 하면서 지나치게 상대를 배려하
면 오히려 역효과가 난다. 지나친 배려는 상
대에게 부담을 준다. 같은 말을 하고 또 하지
마라. 다소 미흡한 것 같아도 웬만하면 다 알
아듣는다.

부모가 자녀에게, 선생이 학생에게, 또 직장에서 상사가 부하
직원을 상대로 이야기할 때 주의해야 할 점이 있다. 그런 경우 윗
사람으로서 아랫사람에게 뭔가 가르쳐주어야 한다는 사명감 같은
것을 느껴 말이 길어지고, 또 제대로 알아들었는지 안심이 안 되어
같은 내용을 되풀이할 수도 있다.

세상 모든 일이 지나치면 모자라는 것만 못하지만, 특히 대화
를 하면서 지나치게 상대를 배려하면 오히려 역효과가 난다. 대개
자신이 누구보다 똑똑하고 잘났다고 생각하는 사람들이 그러는
경우가 많은데, 혹시 상대가 자기 말을 못 알아들을까 봐 같은 말
을 하고 또 한다. 듣는 사람 입장에서는 그야말로 하품 나는 일이
다.

그런 사람들에게 공통된 말버릇이 한 가지 있다. 즉 말끝마다 "무슨 말인지 알겠어?" 하는 말을 덧붙이는 것이다. 그런 말을 듣는 상대의 기분을 생각해 보라. 아무리 나이가 어리고 또 능력이 못 미치는 사람이라도 무시당한 것 같은 기분을 지울 수 없을 것이다. '뭐 그렇게 어렵고 수준 높은 말이라고…' 하며 속으로 투덜거릴지도 모른다.

지나친 배려는 상대에게 부담을 준다. 내가 볼 때는 다소 미흡한 것 같아도 웬만하면 다 알아듣는다. 만일 못 알아들었다면 상대가 알아서 이렇게 말할 것이다.

"죄송하지만 다시 한 번만 말씀해 주세요."

53
남의 말을 가로채지 않는 것이 대화의 예절

대화에도 나름대로 질서가 있다. 남의 말을 끝까지 듣지 않고 가로채는 것은 바로 대화의 질서를 깨는 일이다. 상대의 이야기가 아무리 지루하고 재미없더라도, 또 공감할 수 없는 내용이라도 중간에 끼어들지 않고 끝까지 귀를 기울여주는 것이 예의다.

세상 모든 일에 질서가 있지만 대화에도 나름대로 질서가 있다. 성질이 급하고 답답한 것을 못 참는 사람일 경우 남의 말을 끝까지 듣지 않고 가로채는 일이 많을 것이다. 바로 대화의 질서를 깨는 일이다. 이렇게 되면 그 대화는 더 이상 이어지기가 힘들다.

남의 말을 들을 때 가장 어려운 일 중의 하나가 자기도 말하고 싶은 것을 참는 일이다. 특히 상대의 이야기가 지루하고 재미없는 내용일 때 이런 유혹을 느끼게 된다.

'와인에 대한 이야기라면 나도 나름대로 할 말이 많은데…'

또 이야기를 들으면서 머릿속에 다른 생각이 떠오르는 일이 있다. 그러면 집중해서 상대의 이야기를 들을 수가 없다. 혹시 질문이라도 던지면 엉뚱한 이야기를 하게 되는 것이다.

"아, 미안… 뭐라고 했지?"

만약 상대의 말을 중간에 자르고 자기 머릿속에 떠오른 생각을 입 밖에 낸다면 그것으로 대화의 질서는 깨진다.

"내가 아는 소믈리에가 추천해 준 와인이 있는데, 정말 맛이 기막히더라구."

그 순간 상대는 무시당했다는 생각에 불쾌해져서 입을 다물고 말 것이다.

상대의 이야기가 아무리 지루하고 재미없더라도, 또 공감할 수 없는 내용이라도 중간에 끼어들지 않고 끝까지 들어주는 것이 대화의 예절이다.

54

실수할 때마다 지적하면 권위를 잃는다

아무리 참을성이 많아도 계속 싫은 소리를 듣고 싶어할 사람은 없다. 작은 실수나 잘못은 못 본 체 넘어가고, 큰 실수를 하면 따끔하게 나무라야 한다. 아랫사람에게 말을 해도 잘 먹히지 않을 때는, 혹시 윗사람으로서의 권위를 잃지는 않았는지 자신을 돌아보라.

사람이란 누구나 실수를 하게 마련이다. 그때마다 옆에서 누군가 지적을 한다면 어떤 기분이 들겠는가.

"좀 조심하지, 그걸 떨어뜨리면 어떻게 해?"

"커피 물이 너무 많군. 다 마시면 배부르겠어."

"복사한 게 왜 이래? 좀 진하게 하라니까."

이렇게 일일이 지적을 받다 보면 웬만한 말에는 무감각해진다. '또 잔소리군' 하는 정도가 되는 것이다. 따라서 막상 큰 실수를 저질러 지적당해도 별로 잘못했다는 생각이 들지 않게 된다.

아랫사람에게 말을 해도 잘 먹히지 않을 때는 자신의 태도를 돌아보라. 혹시 작은 실수를 할 때마다 일일이 잔소리를 함으로써 윗사람으로서의 권위를 잃지는 않았는지 반성할 필요가 있다.

아무리 참을성이 많아도 계속 싫은 소리를 듣고 싶어할 사람은 없다. 작은 실수나 잘못은 못 본 체 너그럽게 넘어가고, 큰 실수를 하면 비로소 따끔하게 나무라야 한다. 그래야만 말 한 마디에 거역할 수 없는 윗사람으로서의 위엄이 서는 것이다.

55

뒷말을 하지 마라

남의 말을 즐기는 사람은 남의 장점을 보지 않고 단점만 본다. 남의 단점을 들춰내어 뒷말을 하다 보면, 그 대상이 된 사람은 낮아지고 자신은 높아진다는 착각에 빠지는 것이다. 누군가의 입에서 자신의 뒷말이 나오는 것이 싫다면 다른 사람에 대해서도 입을 닫아라.

내가 하고자 하는 이야기가 모두 진실이라는 증거가 있는가, 선한 것인가, 아니면 꼭 필요한 것인가 따져봐서 세 가지 중 어디에도 해당이 안 된다면 그만 잊어버리라는 말이 있다.

앞에서는 아무 말 못하고 돌아서서 불평하거나 뒷말을 하는 사람이 있다. 앞에서 할 수 없는 말이면 뒤에서도 하면 안 된다.

「가족오락관」이라는 텔레비전 프로그램을 보며 웃다가 씁쓸한 기분을 느낀 적이 있다. 시끄러운 음악이 나오는 헤드폰을 쓰고 앞사람이 하는 속담 같은 것을 입모양만 보고 릴레이로 따라 하는 '고요 속의 외침' 이라는 게임이다. 맨 앞에 있는 사람이 한 말이 그대로 끝까지 전달되는 경우는 다섯 번 중 한 번이 될까 말까다. 말이란 그런 것이다. 한 입 두 입 거치다 보면 처음과는 달리 전혀 엉뚱한 내용이 되고 만다. 뒷말이 무서운 까닭이다.

성경에 '남의 말 하기를 좋아하는 자의 말은 별식과 같아서 뱃속 깊은 데로 내려가느니라' 라는 말이 있다. 뒷말하는 것을 들어주며 맞장구를 친다고 그 사람을 믿지 말라는 뜻이다. 그가 언제 뱃속 깊이 내려간 말을 끄집어내어 다른 사람에게 "이건 비밀이니까 자네만 알고 있게" 하며 넘겨줄지 모르는 일이다.

남의 말을 즐기는 사람은 자신감이 없는 경우가 많다. 그런 사람은 남의 장점을 보지 않고 단점만 본다. 남의 단점을 들춰내어 뒷말을 하다 보면, 그 대상이 된 사람은 낮아지고 자신은 높아진다는 착각에 빠지는 것이다. 그러나 습관적으로 뒷말을 즐기다 보면 '나도 언젠가는 씹히겠지' 하며 한 사람 두 사람 곁을 떠나게 된다는 사실을 알아야 한다.

누군가 뒤에서 내 말을 하면 돌고 돌아서 내 귀에 들어온다. 그때 느끼는 배신감은 당해 보지 않은 사람은 모른다. 누군가의 입에서 자신의 뒷말이 나오는 것이 싫다면 다른 사람에 대해서도 입을 닫는 것이 좋다.

56

공치사하지 마라

누구든 자기 능력에 비해 큰일을 하면 스스로 생각하기에도 자랑스러워 그 사실을 이야기하고 싶어진다. 그것이 공치사다. 공치사를 한다는 것은 해준 만큼 보상을 받고 싶은 마음의 표현이다. 그러나 공치사를 하는 순간 그 공은 물거품이 되고 만다.

인터넷에 떠돌아다니는 「부모 10계명」이라는 것이 있다. 그중 다섯 번째 계명이 '자식 때문에 희생한다고 공치사하지 마라' 다. 자식 때문에 희생한다는 사실을 생색내는 것은 해준 만큼 보상을 받아야 한다는 의미라고 할 수 있다. 그런 부모라면 차라리 자식에 대한 희생을 그만두는 것이 낫다는 말이다.

자녀가 부모의 기대에 못 미치거나 그 마음을 몰라줄 때는 어쩔 수 없이 서운한 감정이 생기게 마련이다.

"괘씸한 녀석 같으니라고. 나는 못 먹고 못 입어도 저만은 부족하지 않게 키우려고 애썼는데…"

그런 말을 입 밖에 내면 자녀는 반발할 것이다.

"누가 그렇게 키워 달라고 했어요?"

　또 「노인들의 맹세」라는 것도 있는데, 그중 다섯 번째도 '공치
사하지 마라'다. 행복한 노년, 평안한 관계를 유지하려면 부부간
에 서로 공치사를 하지 말라는 뜻이다. 기대가 채워지지 않으면 분
노가 생기고 스스로도 우울해지므로, 상대방에 대한 욕심을 버리
고 서로의 차이점을 이해하려고 노력하라는 충고다.

　"평생 내가 당신 밥 굶긴 적 있어?"

　남편이 공치사를 하면 아내는 내심 입을 삐죽거릴 것이다.

　'남자라면 당연한 일을 무슨 자랑이라고…'

　누구든 자기 능력에 비해 큰일을 하면 스스로 생각하기에도 자
랑스러워 그 사실을 이야기하고 싶을 것이다. 그러나 공치사를 하
면 대부분의 상대는 거부반응을 일으킨다. 공치사를 하는 순간 그
공은 물거품이 되고 마는 것이다.

57

항상 말조심해라

말이란 이 사람 저 사람에게 옮겨가다 보면
처음과는 딴판으로 달라지게 되어 있다. 무심
코 나온 말이 나도 모르는 사이에 자신은 물
론이고 누군가를 난처한 지경에 빠뜨릴 수
있으니 늘 말조심을 해야 한다.

입은 재앙을 불러들이는 문이요
혀는 몸을 자르는 칼이로다.
입을 닫고 혀를 깊이 감추면
가는 곳마다 몸이 편하리라.

중국 후당부터 후량, 후주, 후진, 후한의 5대를 섬긴 풍도라는
정치가가 쓴 시다. 입이 화근이니 말조심하라는 의미가 담겨 있
다.

어떤 사람이 친한 친구 네 명을 생일잔치에 초대했다.

세 친구는 시간 맞추어 왔는데 한 친구가 오지 않았다.

"꼭 와야 할 사람이 안 오네."

주인의 말에 한 친구가 버럭 화를 냈다.

"무슨 말을 그렇게 하나? 그럼 우린 꼭 와야 할 사람이 아니란 말인가?"

그리고 그는 돌아가 버렸다.

한 친구는 아직 안 왔는데 또 한 친구는 화를 내며 가버리자, 주인은 한숨을 쉬었다.

"휴우, 가지 말아야 할 사람이 가버렸네."

그 말을 듣고 이번에는 남아 있던 두 친구 중 하나가 입을 삐죽거렸다.

"아니, 그럼 우린 가야 할 사람이란 말인가?"

그 친구 역시 자리를 박차고 일어났다.

마지막 남은 친구가 주인에게 충고를 했다.

"듣는 사람이 오해하지 않게 언제나 말조심을 해야지."

"다들 내 말을 잘못 받아들인 것 같네. 그 친구들에게 한 말이 아닌데."

주인이 변명하듯 말하자 마지막 남은 친구의 얼굴빛이 변했다.

"뭐라구? 그 친구들에게 한 말이 아니면 내게 한 말이라는 건가?"

나머지 한 친구마저 화를 내며 나가버리니, 생일잔치는 시작도 하지 못한 채 파투가 나고 말았다.

우화 같은 이야기지만, 말이란 아 다르고 어 다르니 항상 말조심을 해야 한다는 교훈이 담겨 있다.

말이란 이 사람에게서 저 사람에게로, 저 사람에게서 또 다른 사람에게로 옮겨가다 보면 어쩔 수 없이 처음과는 달라지게 되어 있다. 무심코 나온 말이 나도 모르는 사이에 자신은 물론이고 누군가를 난처한 지경에 빠뜨릴 수 있으니 늘 조심해야 한다.

58
털어놓은 그 비밀이 나를 공격한다

세상이 두 조각나도 지키고 싶은 비밀이 있다면, 아무에게도 털어놓지 마라. 그렇지 않으면 내가 털어놓은 그 비밀이 도리어 나를 공격할지도 모른다.

『삼국유사』에 이런 이야기가 있다.

신라 제48대 경문왕은 왕위에 오른 뒤로 귀가 커지기 시작해서, 마침내 당나귀 귀와 같이 되었다. 이 사실은 단 한 사람, 왕의 관을 만드는 복두장만 알고 있었다.

복두장은 왕의 비밀을 함부로 입 밖에 낼 수 없어 누구에게도 말하지 않았다. 그러나 평생을 품고 있자니 가슴이 답답해서 견딜 수가 없었다. 그러다가 죽을 때가 가까워지자 한 번만이라도 시원하게 털어놓고 싶은 마음이 간절했다.

마침내 그는 도림사 옆 대나무 숲을 찾아가, 아무도 없는 곳에서 큰 소리로 외쳤다.

"임금님 귀는 당나귀 귀, 임금님 귀는 당나귀 귀."

그 뒤 바람만 불면 도림사 대나무 숲에서 소리가 들렸다.

"임금님 귀는 당나귀 귀, 임금님 귀는 당나귀 귀."

이 이야기가 주는 교훈은 비밀이란 그만큼 지키기 어렵다는 뜻일 것이다.

"이건 비밀이야. 아무한테도 얘기하지 마."

"그래, 알았어. 무슨 일이 있어도 입 꽉 다물고 있을게."

아무리 이렇게 손가락 걸고 맹세해도 언젠가는 그 비밀을 털어놓게 되어 있다. 그것이 사람이다. 물론 그때도 "이건 비밀이야. 아무한테도 얘기하지 마"라는 말을 빼놓지 않을 것이다.

따라서 세상이 두 조각나도 지키고 싶은 비밀이 있다면, 아무에게도, 설사 부모 자식, 부부간이라 해도 털어놓지 말고 무덤까지 가져가라. 그렇지 않으면 내가 털어놓은 그 비밀이 부메랑이 되어 나를 공격할지도 모른다.

59

농담도 가려 가며 해라

농담은 상대가 받아들일 때 비로소 농담이
된다. 내가 농담이라고 우기는 그 말이 경우
에 따라서는 상대의 자존심에 상처를 주는
말이 될 수도 있는 것이다. 내가 농담으로 한
말을 상대도 반드시 농담으로 받아들이는 것
은 아니다. 따라서 아무리 가까운 사이라도
농담을 할 때는 신중해야 한다.

농담의 사전적인 정의는 '남을 놀리거나 웃기기 위해 실없이
하는 장난말이나 우스갯소리를 이르는 말'이다. 그야말로 아주 가
까운 사이에 깊은 뜻 없이 가볍게 하는 말이 농담인데, 잘못 쓰면
인간관계가 망가질 수도 있다.

나와 상대의 농담에 대한 기준은 다를 수 있다. 내가 농담으로
한 말을 상대도 반드시 농담으로 받아들이는 것은 아니다. 따라서
아무리 가까운 사이라도 농담을 할 때는 신중해야 한다.

"넌 원래 속을 다 빼놓고 살잖아."

너무 마음이 좋아서 늘 손해를 보고 사는 친구에게 이런 말을
했다고 하자.

"속을 빼놓고 살다니, 무슨 말을 그렇게 해?"

마침 기분이 좋지 않던 친구는 얼굴을 붉히며 화를 냈다.

"농담으로 한 소리야. 친구 사이에 그런 말도 못하냐?"

나는 농담이지만, 그러잖아도 맺고 끊지 못하는 자신의 성격이 마음에 들지 않았던 친구는 그 말이 가슴에 콕 박혔다. 도저히 농담으로 받아들여지지 않았던 것이다. 이쯤 되면 그 친구와는 더 이상의 대화가 불가능하다.

이와 같이 농담은 상대가 받아들일 때 비로소 농담이 된다. 내가 농담이라고 우기는 그 말이 경우에 따라서는 상대의 자존심에 상처를 주는 말이 될 수도 있는 것이다.

60

유머가 말장난이 되지 않도록 조심해라

유머는 유쾌한 대화를 이어가게 하는 윤활유 같은 역할을 하지만, 저속하고 화제에 오르는 사람의 희생이 따르는 말장난은 그 자리에 있는 사람들 모두에게 불쾌감을 준다. 유머가 말장난이 안 되게 하려면 대화하는 상대와 분위기에 맞게 사용해야 한다.

유머란 듣는 사람의 웃음을 자아내는 가장 높은 감각이다. '남을 웃기는 말이나 행동. 또는 복잡한 정신적 자극으로 마음을 즐겁게 하거나 웃음이라는 반사행동을 일으키는 의사소통의 한 형태'라는 것이 유머의 사전적인 정의다.

유머에는 상대를 설득할 수 있는 힘이 담겨 있다. 재치 있는 말은 상대를 웃기고, 그러다 보면 자기도 모르게 마음을 열게 되는 것이다.

중국의 위대한 지도자였던 덩샤오핑은 키가 152센티미터밖에 안 되어 '작은 거인'이라 불렸다.

언젠가 정치적 관계가 별로 우호적이지 않았던 미국의 닉슨 대통령과 만났을 때였다. 닉슨은 키가 작은 덩샤오핑이 우습게 보여

거만하게 물었다.

"왜 위를 보지 않는 거요?"

덩샤오핑은 여전히 그의 가슴을 쳐다보며 또박또박 말했다.

"그러면 당신은 왜 나를 보지 않는 거요?"

우월감에 차 있던 닉슨은 당당한 태도와 재치 있는 말솜씨에 놀라 덩샤오핑을 다시 보게 되었다.

유머는 이와 같이 유쾌한 대화를 이어가게 하는 윤활유 같은 역할을 하지만, 저속하고 화제에 오르는 사람의 희생이 따르는 말장난은 그 자리에 있는 사람들 모두에게 불쾌감을 준다. 유머가 말장난이 안 되게 하려면 대화하는 상대와 분위기에 맞게 사용해야 한다.

"묻고 싶은 말이 있습니다."

"말을 묻는다구? 땅을 얼마나 파야 말을 묻을 수 있지?"

이런 말장난은 애교스럽고 모두를 웃게 만들지만, 어떤 경우에도 상대의 약점을 웃음거리로 만드는 말은 하면 안 된다.

"한턱내라고? 아, 자네 턱을 보니 그런 말을 할 만하군."

만일 상대가 짧은 턱을 가진 것에 콤플렉스를 느끼는 사람이라면? 이런 말장난은 아주 친한 사이가 아니면 상대의 기분을 상하게 만들기 십상이니 조심해야 한다.

61

모르고 하는 말이 상처가
될 수 있다

겉으로 드러난 사실만으로 상대를 판단하면
안 된다. 상대는 내용을 모른 채 하는 말에
마음의 상처를 받고 더 이상 대화를 하려고
하지 않을 것이다. 어떻게 말해야 좋은 감정
을 갖게 될지 잘 생각한 다음, 듣는 사람의
입장을 배려해서 긍정적으로 말하면 그 뜻이
충분히 전달된다.

감정의 대립이 생기면 아무리 옳은 말이라도 받아들이기 힘들
다. 어떻게 말해야 좋은 감정을 갖게 될지 잘 생각한 다음, 듣는 사
람의 입장을 배려해서 긍정적으로 말하면 그 뜻이 충분히 전달된
다.

직장에 나간 지 며칠 만에 그만둔 자녀에게 "내 그럴 줄 알았
어. 너 또 누구랑 다퉜지?" 하고 넘겨짚듯 말하면 자기도 모르게
반발심을 느낄 것이다. 만일 도저히 버티지 못할 건강상의 이유가
있었다면, 비록 부모라고 할지라도 그 말을 들은 자녀는 상처를 받는
다.

말썽을 부려 징계를 받게 된 학생에게 담임선생이 말했다.

"제발 정신 좀 차려라. 아무것도 모르고 집에서 널 기다리실 어

머니를 생각해서라도 그러면 안 되지."

"우리 엄마는 제가 어렸을 때 집을 나가셨는데요."

그 학생이 비웃듯이 말했다.

담임선생이라고 학생들의 사정을 일일이 다 알아야 하는 것은 아니지만, 좀더 관심을 가졌다면 그런 실언은 하지 않았을 것이다.

직장 상사가 정해진 시간 안에 일을 마치지 못한 부하직원을 나무랐다.

"누굴 탓하겠나. 자네 같은 사람을 믿고 맡긴 내가 잘못이지."

그 부하직원은 갑자기 아내가 쓰러지는 바람에 병원에 데리고 다니느라 일을 소홀히 한 수밖에 없었다. 아마 그는 미처 사정 이야기를 하기도 전에 나무라기부터 하는 상사가 야속했을 것이다.

겉으로 드러난 사실만으로 상대를 판단하다가는 실언을 할 수밖에 없다. 상대는 내용을 모른 채 하는 말에 마음의 상처를 받고 더 이상 대화를 하려고 하지 않을 것이다.

62

아무리 화가 나도 하고 싶은 말을 다 하지 마라

말이 입힌 상처는 칼이 입힌 상처보다 깊다. 특히 화났을 때 내뱉는 말은 상대의 마음에 씻을 수 없는 상처를 남긴다. 마음속에 있는 말을 아끼고 다소 부족한 듯할 때 멈추어야 한다. 그리고 화가 가라앉기를 기다렸다가 냉정한 상태에서 하고 싶은 말을 해야 실수가 없다.

혀는 몸을 베는 칼이다. 조심해서 다루지 않으면 상대에게 상처를 줄 뿐만 아니라 자신도 상처를 입게 된다.

말이 입힌 상처는 칼이 입힌 상처보다 깊다. 특히 화났을 때 내뱉는 말은 상대의 마음에 씻을 수 없는 상처를 남긴다. 화가 난 상태에서는 결코 좋은 말이 나오지 않기 때문이다.

성질이 급한 사람이라면 화를 억제하지 못해 안해도 될 말까지 하고 나서 후회한 적이 있을 것이다.

"당신 그 낭비벽, 당신 어머니 닮은 거 아냐?"

남편이 살림을 헤프게 하는 아내에게 이런 말을 했다고 하자.

아마 아내는 "나도 모자라 친정어머니까지 들먹이다니, 당신하고는 더 이상 같이 살 수가 없어"라는 마지막 말을 할지도 모른다.

'그렇게 심한 말까지 하려고 한 건 아닌데.'

서로 상처를 입고 도저히 수습할 수 없는 상황에 이르는 것을 원치 않는다면, 아무리 화가 나도 할 말을 다 하지 말아야 한다. 마음속에 있는 말을 아끼고 다소 부족한 듯할 때 멈추어야 한다. 그리고 화가 가라앉기를 기다렸다가 냉정한 상태에서 하고 싶은 말을 하는 것이다.

63

어떤 경우에도 막말은 삼가야 한다

말 한 마디가 상대에게 힘이 될 수도 있고 상처가 될 수도 있다. 아무리 거침없는 성격이라 해도, 또 별다른 악의가 없다고 해도 다른 사람의 인생에 영향을 미칠 만한 막말은 하지 말아야 한다. 정작 말한 사람은 자기가 언제 그랬는지도 잊어버릴 말에 상대는 평생 아파하며 살아갈 수도 있다.

"네 그 까칠한 성격을 누가 받아주겠니? 결혼 같은 건 생각도 마라."

이런 말은 듣는 사람의 운명을 바꿀 수도 있다.

'정말 내 성격에 그렇게 문제가 있나?'

친구가 한 말이 머릿속에서 맴돌아, 좋은 사람을 만나도 스스로 결혼생활에 적합한 사람이 아닌 것 같은 생각이 든다. 그러다 보면 결국 얼마 못 사귀고 헤어지게 된다. 친구의 말 한 마디가 마치 예언처럼 되어 버리는 것이다.

아무리 거침없는 성격이라 해도, 또 별다른 악의가 없다고 해도 다른 사람의 인생에 영향을 미칠 만한 막말은 하지 말아야 한다. 정작 말한 사람은 자기가 언제 그랬는지도 잊어버릴 말에 상대는 평생 아파하며 살아갈 수도 있다.

"아니, 이것도 일이라고 했나? 발로 해도 이보다는 낫겠군."

부하직원으로서 상사에게 이런 말을 들으면, '난 하느라고 했는데 어떻게 이런 말을 할 수 있지?' 하는 반발심이 생기는 것과 동시에 일에 대한 의욕이 모두 사라질 것이다.

말 한 마디가 상대에게 힘이 될 수도 있고 상처가 될 수도 있다. 언제, 어떤 경우라도 두고두고 가슴에 상처로 남을 만한 막말은 삼가야 한다.

& 그래서, 그럼에도 불구하고

결혼생활이 순탄치 못한 부부가 있었다. 그들은 서로에게 깊은 상처를 주었다. 남편은 좀더 상냥하고 부드러운 여자를 만나지 못한 것이 후회스러웠다. 한편 아내는 좀더 책임감 있고 활동적인 남자를 만나지 못한 것이 불만이었다.

그런데 어느 날부턴가 두 사람의 얼굴에 밝은 미소가 피어올랐다.

이웃 사람이 물었다.

"곧 헤어질 것처럼 보이더니, 그렇게 사이가 좋아진 비결이 뭔가요?"

그 부부가 말했다.

"우리 부부는 서로를 향해 이렇게 고백을 했지요. '그래서 당신을 사랑하고, 그럼에도 불구하고 당신을 사랑합니다.' 그후로 상대를 있는 그대로 인정하고 서로에게 완벽하기를 기대하거나 무리한 요구를 하지 않게 됐어요."

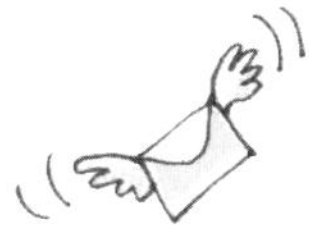

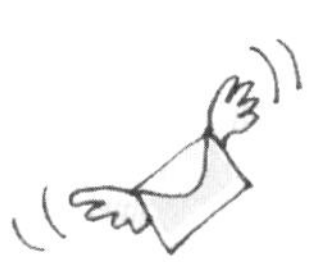

5 Part

유쾌한 대화를
위해 자주 해야
하는 말

사람은 누군가의 말 한 마디에 용기를 얻어
실패를 이겨내고, 좌절했다가도 마음을 헤아려
주는 따뜻한 말에 힘을 내어 일어난다. 짧은
말 한 마디가 인생을 희망적인 것으로 바꾸는
것이다.

'너'와 '나'가 소통하는 유쾌한 대화를 위해서
는 사소한 변화나 가볍게 한 이야기도 흘려듣
지 말고 알은체해라. 그럴 때 상대의 마음이
움직일 것이다.

말은 입안에 머무는 동안 당신의 노예다.
그러나 일단 밖으로 내보내면 당신의 주인이 된다.
- 탈무드

64

실패를 입에 담으면 실패하고
성공을 입에 담으면 성공한다

말은 생각을 표현한 것인데, 그 자체가 생명
력을 가지고 있다. 어떤 말을 입에 올리면 바
로 그 순간부터 살아서 움직이기 시작하는
것이다. 무슨 일을 하든 긍정적인 생각을 하
고 그것을 말로 표현하면, 비록 많은 어려움
이 있어도 이겨내고 성공의 기쁨을 누릴 수
있다.

사람이란 스스로 생각하는 대로 되는 존재다. 무슨 일을 하든
'아마 나는 실패할 거야'라는 부정적인 생각을 하면 실제로 일이
잘 풀리지 않는다. 그 반면 '나는 반드시 해낼 수 있어'라는 긍정
적인 생각을 하면, 비록 많은 어려움이 있어도 이겨내고 성공의 기
쁨을 누릴 수 있다.

말은 생각을 표현한 것인데, 그 자체가 생명력을 가지고 있다.
'말이 씨가 된다'는 말이 있다. 어떤 말을 입에 올리면 바로 그 순
간부터 살아서 움직이기 시작하는 것이다.

살다 보면 실패할 때도 있고 성공할 때도 있게 마련이다. 그런
데 어떤 사람은 항상 실패한 경험만 생각하며 자신감 없이 산다.

"지금껏 실패했는데 이번 일이라고 잘되겠어?"

이런 말을 입에 달고 살다 보면, 그 말이 부정적인 생각이라는 덫을 만들어 앞으로 나아가려는 발걸음을 잡는다.

그러나 긍정적인 생각을 가진 사람은 같은 상황이라도 긍정적인 말을 한다.

"아흔아홉 번 실패했어도 백 번째는 반드시 성공할 거야. 메이저리그 강타자라고 경기 때마다 홈런을 치는 건 아니잖아."

그 말이 다시 긍정적인 생각을 불러일으켜 성공이라는 배에 순풍으로 작용하는 것이다.

실패를 입에 담으면 실패하고 성공을 입에 담으면 성공한다. 말 한 마디에 성공과 실패가 갈리는 것이다. 어떤 상황에서도 긍정적인 말을 입에 담아야 하는 이유다.

65

자신감 있는 말이 곧 힘이 된다

어떤 일을 앞두고 불안해할 때는 자신감을 심어주는 것이 가장 좋은 방법이다. "너라면 충분히 할 수 있을 거야." 자신을 믿어주는 이런 격려에 상대는 힘을 내고, 가진 바 능력을 십분 발휘할 수 있을 것이다.

"걱정 마. 그 정도는 문제없어."

"너라면 잘해낼 거야."

어떤 일을 앞두고 잘 할 수 있을지 불안해할 때 힘이 되는 말이다.

중요한 시험을 앞둔 자녀에게 부모가 줄 수 있는 최고의 선물은 자신감이다.

"지금까지 열심히 준비해 왔잖아. 불안해하지 말고 그대로만 하면 돼. 난 네가 충분히 해낼 거라고 믿는다."

자신을 믿어주는 부모의 격려에 자녀는 힘을 얻을 것이다.

'그래, 최선을 다했으니까 틀림없이 결과도 좋을 거야.'

상사가 보기에 충분히 일을 할 만한데 부하직원이 자신없어할 경우가 있다.

"프레젠테이션에서 가장 중요한 건, 말을 얼마나 잘하느냐가 아니라 그 내용을 얼마나 자세히 알고 있느냐 하는 거야. 그런 점에서 이 일에 자네만큼 적절한 사람도 없어."

이런 식으로 말해 주면 상대도 수긍하고 힘을 내게 된다.

"사실 그 내용이라면 저만큼 잘 아는 사람이 없지요. 한번 해보겠습니다."

66
좋은 생각도 말로 표현해야
알아듣는다

모든 일에 마음이 중요하다며, 마음만 있으면
말하지 않아도 상대가 알아줄 것이라고 생각
하는 경우가 있다. 그러나 그런 생각은 상대에
게 상처를 줄 수도 있다. 아무리 좋은 생각도
말로 표현하지 않으면 상대가 알지 못한다.

말하지 않아도 상대에게 자기 뜻이 통할 것이라고 생각할 경우
가 있다. 친한 사이일 때는 특히 그렇게 생각하기가 쉽다. 그러나
현대생활은 복잡하고 저마다 바쁘게 돌아간다. 아무리 친해도 속
에 있는 생각을 정확하게 표현하지 않으면 상대가 제대로 알지 못
한다.

일이 없어 놀게 되자 친구에게 도움을 청했다.

"그래? 내가 아는 거래처 몇 군데 소개해 줄게."

친구가 소개한 거래처 중 두세 군데에서 연락이 왔다. 덕분에
불경기에도 놀지 않고 일할 수 있게 되었다.

친구에게 진심으로 고마웠지만, 그 생각을 구체적인 말로 표현
하지는 않았다. 워낙 친한 친구니까 말 안해도 마음을 알아주리라

생각한 것이다.

　'소개해 준 일을 실수 없이 잘하면 신세를 갚는 셈이 되겠지.'

　그러나 그것은 친구의 호의에 대한 올바른 대접이 아니다.

　'소개해 주었으면, 어떻게 되었다는 이야기는 해주어야 하는 거 아냐? 일이 잘됐으면 고맙다는 말 한 마디쯤은 하는 게 도리 지.'

　가족이라도 마찬가지다. 자녀가 공부를 잘하거나 특기가 있어

상을 타와도 칭찬에 인색한 부모가 있다. 그 자녀는 부모가 자신을 자랑스럽게 여긴다는 사실을 깨닫지 못하고 섭섭해할 것이다. 한 달 동안 고생해서 월급을 갖다 주어도 무심하게 받는다면, 남편은 그 아내가 자신의 수고를 몰라준다고 생각할 것이다.

모든 일에 마음이 중요하다며 마음만 진실하면 그 밖에는 아무래도 괜찮다는 생각은 상대에게 상처를 줄 수도 있다. 아무리 좋은 생각도 말로 표현하지 않으면 상대에게 전달되지 않는다.

67
따뜻한 말은 사람을 좌절감에서 일으킨다

눈에 보이는 결과만 보고 나무란다면, 자신감을 잃고 아무 일도 할 수 없게 될 것이다. 아랫사람이 실수를 저지르거나 실패했을 때 따뜻한 말로 위로해 주어라. 그 말이 그를 좌절감에서 일으켜 성공으로 이끌 것이다.

사람이란 때로 실수도 하고 실패도 하게 마련이다. 그럴 때 부모나 직장 상사 등 윗사람의 역할이 중요하다. 눈에 보이는 결과만 보고 나무란다면, 그 아랫사람은 아예 자신감을 잃고 아무 일도 할 수 없게 될 것이다.

대학입시에 실패한 자녀에게 아버지가 말했다.

"그렇게 공부 안하고 핑핑 놀더니 꼴좋다. 내 그럴 줄 알았어."

그런 말을 들으면 그 자녀는, 설령 자기가 게으름을 피우는 바람에 떨어졌다 해도 아버지에게 대들고 싶을 것이다.

"너무 풀죽어 있지 마라. 대학입시에 실패했다고 인생에 실패한 건 아니니까. 정신 차려서 노력하면 내년에는 좋은 대학에 갈 수 있을 거야."

같은 값이면 이렇게 따뜻한 말로 격려해 주면, 아마 그는 자기 잘못을 뉘우치고 심기일전하여 공부할 것이다.

직장에서도 마찬가지다. 자기가 맡은 프로젝트가 실패하여 한숨짓고 있을 때, 상사가 어깨라도 두드려주면서 위로의 말을 건넨다면 그 부하직원은 다시 시작할 수 있는 용기를 낼 것이다.

"힘내게. 일하다 보면 실수도 하고 실패도 하는 법이지. 중요한 건 앞으로 같은 실수나 실패를 되풀이하지 않는 거야. 자네라면 다음에는 반드시 성공할 거야. 난 믿어."

질책 들을 각오를 하고 있다가 이런 다정한 말을 들으면, 아마 눈물이 날 만큼 고마운 생각이 들 것이다. 그리고 힘을 낼 것이다.

68

듣는 사람의 마음을 헤아리며 말을 해라

입에서 나오는 대로, 마음 내키는 대로 말하다 보면 상대가 상처를 받는다. 자신이 하는 말이 어떻게 들릴지 그 입장을 한 번쯤 헤아려보라.

말이란 마음 내키는 대로 내뱉으면 안 된다. 그 말을 듣는 상대의 마음이 어떨까 한 번쯤 헤아려보고 신중하게 입 밖에 내야 한다. 소크라테스는 체로 세 번 거른 다음 말하라고 했지만, 적어도 한 번은 걸러야 한다.

경기가 안 좋아서 대학을 졸업하고도 직장을 구하지 못한 '청년 백수'들이 많다고 한다. 이런 상황에 다행히 좋은 직장에 들어간 사람은 우월감을 느낄 것이다.

대기업에 들어간 친구가 길에서 동창을 만났다. 그런데 그 동창은 아직 취직을 못한 형편이다.

"대기업에 근무한다니, 넌 좋겠다."

동창이 부러운 듯 말하자, 그 친구는 득의에 찬 미소를 지었다.

"내가 다닌다고 해서 하는 말이 아니라, 우리 회사 입사 기준이 정말 까다로워. 성적도 중요하지만 외모도 어느 정도 받쳐줘야 하고, 또 성격도 원만해야 하고…"

이런 말을 듣는 그 백수 동창의 기분이 어떻겠는가. 자신의 처지 같은 건 배려하지 않는 친구에게 야속하고 섭섭하고, 어쩌면 반감을 느낄지도 모른다.

그 친구가 한 번쯤 체에 걸러 "너도 마음만 먹으면 우리 회사에 들어올 수 있어. 학교 다닐 때는 나보다 네가 성적이 더 좋았잖아" 하고 말했다면, 아마 동창은 그에게 고마워하고 또 자신에 대해서도 희망을 가지게 되었을 것이다.

69
입장을 바꾸어 생각하면 실언하지 않는다

아무리 화가 나도, 아무리 성질이 급해도 '내가 이 말을 들으면 기분이 어떨까?' 하고 생각해 본 후에 말해라. 내가 듣고 싶지 않은 말은 남도 듣기 싫을 것이다. 잠깐이라도 입장을 바꾸어 생각해 보면 실언을 하지 않게 된다.

말 한 마디에 상대를 내 편으로 만들 수도 있고 적으로 만들 수도 있다. 내가 듣고 싶지 않은 말은 남도 듣기 싫을 것이다.

아무리 화가 나도, 아무리 성질이 급해도 '내가 이 말을 들으면 기분이 어떨까?' 하고 먼저 생각해 본 후에 말해야 한다. 이렇게 입장을 바꾸어 생각해 보면 실언을 하지 않게 된다.

일요일이라서 모처럼 쉬고 있는 남편에게 아내가 말한다.

"청소 좀 하게 애 잠깐만 데리고 있어요."

남편은 소파에 누워 텔레비전을 보며 짜증스러운 표정을 짓는다.

"피곤하니까 이따가 해."

"당신만 피곤한 게 아니라 나도 피곤해요. 누군 집에서 노는 줄 알아요?"

이렇게 되면 부부 사이에 일촉즉발의 전운이 감돌기 시작한다.

"당신도 피곤할 텐데, 좀 쉬었다 하면 안 될까?"

남편이 이런 식으로 말하면 아내 역시 반응이 달라질 것이다.

"그래요. 같이 쉬고 오후에 하죠, 뭐."

'당신도 피곤할 텐데' 하는 말 한 마디에 아내는 자신의 수고를 보상받은 느낌이 든다. 남편의 말이 위로가 되어, 비록 마음 먹은 대로 청소를 못해도 기분 나쁘지 않은 것이다.

70

들기 싫은 소리도 필요할 땐
해야 한다

혹시 따돌림당하면 어쩌나 겁내지 말고 나무
랄 일이 있을 때는 따끔하게 나무라는 것이 좋
다. 작은 실수를 일일이 지적함으로써 권위를
잃지만 않는다면, 그것이 세상을 조금이라도
먼저 산 사람으로서 할 일이고, 또 상대에 대
한 관심과 사랑을 나타내는 증거이기도 하다.

사람이란 남의 실수나 잘못은 잘 보면서 그것이 자신의 문제가
될 때는 잘 깨닫지 못하는 법이다. 따라서 누군가 실수하거나 잘못
할 때는 옆에서 진지하게 나무라는 사람이 있어야 한다.

사회생활을 하다 보면 눈에 거슬리는 행동을 하는 후배들이 있
게 마련이다. 그런 때 웬만하면 못 본 체하고 그냥 넘어가는 사람
들이 있다.

'나도 결점이 많은 사람인데 어떻게 다른 사람을 나무라겠는
가'라는 생각을 하기도 하고, 또 세대 차이려니 여기고 체념하기
도 한다. 어쩌면 사고방식이 고리타분하다든가 구식이라든가 하
며 아예 자신을 멀리하지 않을까 두려워서인지도 모른다.

그러나 누군가 지적해 주지 않으면 그들은 자신의 행동이 잘못

되었다는 사실을 영원히 깨닫지 못할 수도 있다.

듣기 좋은 말만 하려고 하지 마라. 혹시 따돌림당하면 어쩌나 겁내지 말고 나무랄 일이 있을 때는 따끔하게 나무라는 것이 좋다. 작은 실수를 일일이 지적함으로써 권위를 잃지만 않는다면, 그것이 세상을 조금이라도 먼저 산 사람으로서 할 일이고, 또 상대에 대한 관심과 사랑을 나타내는 증거이기도 하다.

71

작고 사소한 일에도 관심을 보여라

다른 사람들과 좋은 관계를 유지하는 사람들은 상대의 사소한 변화에 민감할 뿐만 아니라 가볍게 한 이야기도 그냥 흘려듣지 않는다. 작고 사소한 일에 관심을 가지고 알은체해 주는 사람에게 좋은 감정을 갖게 되는 것은 당연한 일이다.

대개의 사람들에게는 작고 사소한 일도 크고 대단한 일 못지않게 중요한 법이다. 자신의 작고 사소한 일에 관심을 가지고 알은체해 주는 사람에게 좋은 감정을 갖게 되는 것은 당연한 일이다.

"당신 파마했어? 예쁜데."

퇴근하고 집에 돌아온 남편이 한 마디 해주면, 아내는 '내게 관심이 있는 걸 보니 사랑이 식지 않았구나' 하며 기뻐할 것이다.

식탁에 앉아 아무 말 없이 저녁 식사를 하는 것보다는 "야, 이거 정말 맛있네요. 우리 엄마 요리 솜씨는 역시 최고야" 하면 어머니는 아들을 위해 애써 음식을 장만한 보람을 느낄 것이다.

다른 사람들과 좋은 관계를 유지하는 사람들은 상대의 사소한 변화에 민감할 뿐만 아니라 가볍게 한 이야기도 그냥 흘려듣지 않

는다.

"고향이 남해에 있는 작은 섬이라고 하셨죠? 특산품이 뭔가요?"

"녹색을 좋아하신다구요? 녹색 좋아하는 사람은 소박하고 솔직하며 성격이 밝아서, 누구에게나 사랑받고 친근감을 준다던데."

언젠가 가볍게 한 이야기를 기억해 준다면, 그만큼 내 이야기를 잘 듣고 또한 나에 대해 관심을 가지고 있다는 증거 아니겠는가.

72

진심으로 대하면 저절로 좋은 관계가 이루어진다

사회생활을 하다 보면 누구를 알고 있는지, 누구를 만나는지에 따라 일이 잘되기도 하고 못되기도 한다. 사람은 누구나 자신을 알아주고 또 도움이 될 만한 사람과 친하게 지내려고 한다. 좋은 인간관계를 가지기 원한다면, 자신의 이득을 앞세우지 말고 진심으로 대해야 한다.

해마다 연초만 되면 재미삼아 토정비결을 보는 사람이 많이 있다. 토정비결의 괘 가운데 가장 흔히 볼 수 있는 것이 '어디어디로 가면 귀인을 만날 것이다'라는 구절이다.

사회생활을 하다 보면 누구를 알고 있는지, 누구를 만나는지에 따라 일이 잘되기도 하고 못되기도 한다. 그러고 보면 사람을 많이 아는 것도 일종의 재산이라고 할 수 있다.

그러나 그것이 일방적인 관계일 때는 문제가 있다. 나는 그 사람을 알고 있는데 그 사람은 나를 모르는 경우가 있다.

"그분이요? 집안에 법조계 인사가 많고, 그 부인은 아주 미인이죠."

"아, 그분을 잘 아십니까? 친하신가요?"

"네, 좀 압니다. 최근에 승진했다고 싱글벙글하시더군요."

이렇게 이야기하면 아주 잘 아는 사람 같지만, 사실 그와는 얼마 전 여럿이 모이는 자리에서 처음으로 인사를 나누었을 뿐이다. 어쩌면 그는 그런 사실조차 까맣게 잊어버렸을지도 모른다. 그런데도 그 사람에 대한 이야기가 나오면 대단히 친한 사이처럼 말한다.

이런 사실을 당사자가 알게 된다면 어떨까?

"뭐야, 잘 알지도 못하는 사람이…" 하고 언짢아하며 혹시 나중에 다시 만나도 상대를 하려 하지 않을 것이다.

사람이란 자신을 알아주고 또 도움이 될 만한 사람과 친하게 지내려고 한다. 그러나 그런 식으로 따지다 보면 좋은 인간관계를 가지기가 어렵다. 자신의 이득을 앞세우지 않고 진심으로 대한다면 저절로 좋은 관계가 이루어질 것이다.

& 인생을 바꾼 한 마디

친구들이 함께 놀아주지 않아 눈먼 소년은 늘 외롭게 지냈다.

그러던 어느 날, 수업 중 교실에 쥐가 한 마리 나타났다. 그런데 어디로 숨어 들어갔는지 도무지 행방을 알 수 없었다. 그때 선생님은 그 소년에게 쥐가 어디 있는지 맞혀 보라고 했다.

소년은 가만히 귀를 기울였고, 곧 쥐가 어디 있는지 알아냈다. 쥐 소리는 교실 구석의 벽장에서 새어나오고 있었다.

수업이 끝난 후, 선생님은 그 눈먼 소년을 불러 말했다.

"넌 우리 반의 어떤 친구도 갖지 못한 능력을 갖고 있어. 네겐 특별한 귀가 있잖니."

그 격려의 말이 소년의 인생을 바꾸어 놓았다.

소년은 음악을 좋아했다. 그를 걱정한 어머니는 외출하는 것을 금했기 때문에 라디오에서 나오는 노래를 연주하는 것으로 시간을 보냈다. 맹인이라는 사실도 장애가 될 수 없었다. 뛰어난 청력이 있었기 때문이다.

그는 곧 재능을 발휘했고, 불과 열한 살 나이에 첫 앨범을 발표했다. 이 맹인 소년이 바로 나중에 21회나 그래미상을 수상한 미국의 유명한 가수 스티비 원더다.

6 Part

직장에서의
대화

직장은 목적달성을 위해 인위적으로 모인 집단이
다. 그래서 직장에서의 대화는 자연발생적으로 이
루어진 가족관계에서의 대화나 친밀감으로 이루어
진 친구 관계에서의 대화보다 상대방에게 신뢰를
주는 것이 중요하다. 흔들리지 않는 원칙을 가진
상사는 부하로부터 믿음을 얻는다. 또한 상사를 믿
는 부하는 자신의 의견을 분명히 밝히고 책임감 있
게 행동하여 원활한 소통이 이루어진다. 이렇게 원
활한 소통은 개개인에게 자유롭고 창의적인 사고를
이끌어 내어 높은 실적과도 연결된다. 따라서 직장
에서의 원활한 소통을 위해서는 신뢰를 촉진하는
대화가 필수적이다.

73

상사는 모든 일에 흔들리지 않는 원칙이 있어야 한다

상사의 말이 부하직원들 사이에서 힘을 얻으려면 흔들리지 않는 원칙이 있어야 한다. 같은 사안을 두고 이랬다저랬다 하면, 부하직원들은 자기도 모르게 소극적이 된다.

'언제 또 변덕을 부릴지 모르니, 기다렸다가 천천히 해야지.'

부하직원들은 상사가 지시하는 대로 움직인다. 그런데 상사의 지시가 이랬다저랬다 일관성이 없으면 일의 체계가 흔들린다. 당연한 말이지만, 일의 체계가 흔들리면 책임질 일이 생긴다. 부하직원 편에서 볼 때는, 아무리 열심히 일해도 헛힘만 쓴 꼴이 되고 결국 책임은 자신이 뒤집어쓰게 된다. 그러다 보니 앞장서서 능동적으로 일하고 싶지 않은 것이다. 상사가 원칙 없이 흔들릴 때 부하직원들은 당황하게 된다.

'도대체 예측을 할 수 있어야지. 이러다 옴팍 뒤집어쓰는 거 아니냐?'

부하직원들은 결과에 대한 책임을 질 일이 두려워 몸을 사리게 되고, 덩달아 일에 대한 열정도 식게 된다. 따라서 상사의 원칙 없는 태도는 부하직원들뿐만 아니라 회사 전체의 경쟁력을 약화시키는 결과를 초래한다.

일에 대한 원칙이 없는 상사는 부하직원들의 신뢰를 얻기 힘들다. 가령 임원회의에서 스스로 채택한 제안서에 대한 반응이 시원치 않았다고 하자. 그래도 자신이 마음에 들어 선택한 것이라면 끝까지 책임을 져야 한다.

"내 생각엔 이 제안서가 괜찮은 것 같은데, 임원들이 보기엔 허점이 있나 봐. 어렵겠지만 그 눈높이에 맞추어 다시 한 번 써보게."

이와 같이 말할 때 부하직원들은 상사를 믿고 따르게 된다.

74

말과 행동이 일치되어야 한다

상사라는 이유만으로 부하직원들의 복종을 요구하던 시대는 지나갔다. 요즘 부하직원들은 상사도 상사답지 못하면 내심 얕보거나 따지고 들거나, 아니면 아예 다른 직장을 찾는다.

상사는 부하직원들이 신뢰하고 존경할 수 있는 사람이어야 한다. 상사가 보통 이하 인격의 소유자일 때 부하직원들은 직장생활에 환멸을 느끼게 된다. 그렇게 되면 업무에 대한 흥미를 잃고, 따라서 회사의 경쟁력에도 영향을 미친다. 부하직원들이 상사가 성인이기를 원하는 것은 아니다. 부하직원들로부터 신뢰와 존경을 받는 상사의 첫 번째 조건은, 스스로 입 밖에 낸 말은 무슨 일이 있어도 지키는 것이다.

항상 출근시간 엄수를 주장하면서 자신은 몇 분씩 지각을 한다면 그 말에 권위가 서지 않는다.

'말과 행동이 일치되지 않는 사람이로군.'

부하직원들로서는 입을 삐죽이지 않을 수 없다.

또 걸핏하면 깨끗한 근무환경 운운하며 책상정리를 강조하던 사람이 정작 자신의 책상 위는 엉망이라면 어떻겠는가. 그뿐만이 아니다. 어떤 일을 잘못했을 때, 그 일만 가지고 나무라는 것이 아니라 거의 인신공격에 가까운 말을 하면 그 인격 자체를 의심할 것이다.

"회사에 들어온 지가 언젠데, 아직도 그런 일을 묻는 거지?"

사실 부하직원 입장에서는 확인하는 차원에서 물어본 것인데, 그렇게 말하면 마치 모욕을 당한 듯한 느낌이 들 것이다.

상사로서 부하직원들로부터 존경과 신뢰를 받으려면, 그리하여 회사일이 원활히 돌아가게 하려면 자신에 대해 더욱 엄격한 잣대가 필요하다.

75

나무랄 때는 감정을 앞세우지 말아야 한다

잘못한 부하직원을 나무랄 때 상사가 주의해야 할 점이 있다. 즉 절대로 감정을 앞세우면 안 된다는 것이다.

'이런 간단한 일 하나 제대로 못하다니……'

상사도 인간인 이상 답답하고 짜증스러운 마음에 목소리가 높고 거칠어질 수밖에 없는데, 그러면 부하직원은 그 내용보다 목소리에 실린 감정만 전달받는다. 따라서 자기도 모르게 마음의 문을 닫아버리는 것이다. 결국 상사는 소기의 목적은 달성하지 못한 채 감정만 드러낸 꼴이 되고 만다.

부하직원들이 존경하고 따르는 상사의 유형은 정해져 있다. 첫째 말수가 적다. 말수 적은 사람이 어쩌다 한마디 하면 거역할 수 없는 힘이 있다. 그런 사람은 나무랄 일이 있어도 결코 목소리를 높이지 않는다. 낮은 소리로 따끔하게 지적한다. 장래성 있는 부하직원은 상사의 그런 나무람을 싫어하는 것이 아니라 오히려 고맙게 생각한다. 좋은 약은 입에 쓰다는 사실을 아는 것이다.

둘째 능력이 있다. 모든 업무에 서투른 부하직원들에게 유능한 상사는 거의 신적인 존재다. 사실 부하직원들은 상사를 의지하고 또 능숙하게 업무를 처리하는 것을 배우고 싶어한다. 자기도 그런 능력을 갖추고 싶은 것이다. 그런 상사가 아무리 말단사원이라도 무시하는 일 없이 실수를 지적한다면, 그 말에 귀를 기울이지 않을 수 없을 것이다.

"물론 자네도 잘해 보려고 하다가 실수한 거겠지. 앞으로는 좀 더 집중하도록 하게."

76

칭찬은 무장해제의 효과가 있다

'칭찬은 고래도 춤추게 한다'는 말이 있다. 무게가 3톤이 넘는 범고래도 움직이게 하는 것이 바로 칭찬이다. 사실 비난보다는 칭찬이 좋다. 아무리 무덤덤한 사람이라도 칭찬을 받으면 기분이 좋다. 칭찬 한마디에 그 인생 자체가 달라질 수도 있다.

직장 상사 중에는 부하직원들의 단점만 꼬집어 말해서 기를 죽이는 사람이 있다. 일을 시켰는데 자기 마음에 안 들면, 앞뒤 생각하지 않고 쏘아붙인다.

"아니, 아직 그런 것도 못하면 어떡해? 그래 가지고 회사생활 제대로 하겠어?"

그 말을 들은 부하직원은 주눅이 들어 더욱 일을 못하게 된다.

그런 상사는 자기와 직접 관련이 없는 일에도 참견을 그치지 않는다. 만일 다른 팀에 있는 직원이 근무시간에 조는 것을 보면 여지없이 한마디 한다.

"어젯밤엔 뭐하고 회사에 와서 조는 거야?"

늦게까지 보고서를 작성했다든지 몸이 좋지 않다든지, 개인적인 사정이라는 것도 있는 법이다. 그런데 그런 사정을 다 무시하고, 더구나 자기 소관도 아닌 일에 나서는 사람을 누가 좋아하겠는가. 모두 그런 사람을 불편하게 생각하며, 될 수 있으면 마주치지 않으려 한다. 그 앞에만 서면 뭔가 꼬투리잡힐 일은 없는지 자신을 돌아보게 된다.

사람이란 자기가 분명히 잘못한 줄 알면서도 막상 지적을 당하면 언짢다. 그것은 직장 상사가 아니라 형제라도 마찬가지다. 따라서 아랫사람을 제대로 부리려면, 단점의 지적보다는 장점의 칭찬이 우선이다.

설사 부하직원의 일하는 방법이 마음에 들지 않아도, 다음과 같이 부드럽게 말하면 여러모로 훨씬 효과적일 것이다.

"그 방법도 괜찮은 것 같군. 하지만 이렇게 해보는 건 어떤가?"

그런 상사 앞에서 부하직원은 자기도 모르게 무장을 해제한다.

"아, 제가 잘못 생각했네요. 부장님이 권하는 방법대로 하겠습니다."

77
부드럽게 대할 때와 엄격하게 대할 때를 잘 구분해야 한다

직장에서 부하직원들이 상사 때문에 스트레스를 받는 일은 흔하다. 하지만 요즘은 상사가 부하직원 때문에 골머리를 흔드는 일도 적지 않다. 부하직원 가운데는 얼핏 보기에는 얌전하고 지시를 잘 따르는 것 같지만 무능한 사람이 있다. 그런가 하면 똑똑하고 능력은 있는 것 같은데, 상사의 지시를 무시하고 자기 고집대로 일을 밀고 나가는 사람도 있다. 또 눈앞에서는 시키는 대로 하는 척하다가 뺀질거리며 웹서핑으로 시간을 때우는 사람도 있다.

상사는 이런 부하직원들을 통솔하여 회사에 지장이 안 가도록 업무에 충실하게 만들 의무가 있다. 말이 쉽지, 이미 한 인격체로 굳어진 부하직원들을 원하는 방향으로 통솔한다는 것은 참으로 어려운 일이다. 그래도 상사 자신을 비롯하여 회사라는 조직의 발전을 위해서는 하지 않으면 안 되는 일이다.

부하직원들은 상사가 지나치게 엄격한 태도를 보이면 아예 마음의 문을 닫아버리고, 그렇다고 지나치게 부드러운 태도를 보이면 상사를 우습게 생각한다. 따라서 부드럽게 대할 때와 엄격하게 대할 때를 잘 구분하여 처신해야 한다.

모든 프로젝트에는 책임이 따르므로, 상사들은 가능한 한 유능하고 말 잘 듣는 부하들에게만 일을 맡기려고 한다. 그러다 보면 한두 사람에게만 일이 몰리게 되어, 본의 아니게 혹사시키게 되는 경우가 생긴다.

따라서 무능하고 뺀질거리는 부하들에게 일을 맡기기 망설이는 것보다는, 그들 스스로 일을 못하는 만큼 불이익을 당하게 된다는 사실을 깨닫도록 해야 한다. 불가사의한 것은, 일단 일을 맡으면 아무리 무능하고 뺀질거리는 사람이라도 소홀히 하지 못한다는 사실이다.

만약 일을 맡길 때 갖가지 이유를 대며 피하려고 하는 사람이 있다면, 엄격한 어조로 이렇게 말한다.

"자네는 여러모로 이 일에 적당한 사람이야. 나는 분명히 지시를 했으니, 성공하든 실패하든 자네 맘대로 하게. 결과는 두고 보겠네."

78

실수를 깨끗이 인정하는 것이 상사로서의 권위를 지키는 길이다

직장에서 직급이 높은 사람일 경우 자신의 실수에 대해서 보다 엄격한 잣대를 가지고 있어야 한다. 아무리 사소한 실수라도 큰 영향력을 미칠 수 있기 때문이다. 누구나 실수는 할 수 있다. 중요한 것은 실수를 하지 않는 것이 아니라 실수를 했을 때 어떤 태도를 보이는가 하는 점이다.

상사로서 업무상 어떤 실수를 하면 사실 부하직원들 얼굴 보기가 민망하다. 자칫 기를 쓰고 그것을 감추려고 할 때가 있는데, 그러다 보면 자기도 모르게 권위를 앞세우게 된다. 그보다는 자기 잘못을 깨끗이 인정하는 편이 낫다. 실수를 분명하게 인정하고 넘어가야 상사로서의 참된 권위를 지킬 수 있는 법이다.

"이번 일은 내가 잘못 생각했어. 앞으로는 이런 일이 없도록 조심하겠네."

　상사에게 필요한 능력은, 권위를 지킴으로써 부하직원들로 하여금 주어진 일을 잘 해내도록 하는 것이다. 상사의 참된 권위는 실수를 감춤으로써 세워지는 것이 아니다. 아무리 감추려고 해도 결국 드러나게 된다. 그러면 상사로서의 권위를 잃는 것은 물론이고 야비해보이기까지 한다.

　상사가 신은 아니다. 따라서 부하직원들로서도 모든 일을 빈틈없이 처리하리라 기대하는 것은 아니다. 오히려 상사가 자기 약점을 드러내어 반성하는 태도를 보일 때 신뢰감이 생긴다. 물론 그에 앞서 부하직원들 보기 민망한 실수 또는 잘못은 하지 않도록 조심해야 하지만.

79

회의에서는 설득력을 갖추고 상대의 의견에 동의하는 태도를 보인다

직장에 다니다 보면 이런저런 일로 회의가 많다. 회의에 참석했으면 말뚝처럼 앉아만 있는 것이 아니라 자신의 존재감을 충분히 입증해야 한다.

회의에 성공하려면 무엇보다 설득력이 있어야 한다. 설득력이 있으면 회의의 방향, 또는 그 결론 등에 영향을 미칠 수 있다. 그리고 회의에 참석한 사람들을 자기 편으로 만들어, 그 생각이나 주장에 기꺼이 동의하도록 만든다.

다른 사람들을 자기 편으로 만드는 가장 좋은 방법은, 스스로를 가치 있는 존재로 느끼게 만드는 것이다. 사람들은 자신을 존중하는 사람에게 호의적이며, 그 의견에 대해서도 긍정적으로 생각한다.

이쪽에서 상대에게 관심을 가질 때 그는 자신이 가치 있는 사람이라고 느낀다. 관심은 곧 상대의 이야기를 잘 듣는 것으로 나타난다. 상대가 이야기할 때 그 눈을 똑바로 바라보면서 주의 깊게 듣는다. 상대가 자신의 말을 주의 깊게 듣고 있다는 것을 느끼면 사람은 누구나 뿌듯한 기분이 든다. 물론 그 상대에 대해서도 좋은 감정을 갖게 된다.

회의에 성공하는 두 번째 비결은, 상대의 의견에 동의하는 태도를 보이는 것이다.

누군가 반대의견을 내놓아도 그 말에 곧바로 반박하면 안 된다. 그러면 상대는 고슴도치처럼 방어적인 태도를 보이든지, 아니면 자신의 의견이 수용되지 않는 데 대해 분노할 것이다.

"정말 재미있는 이야기네요. 제 생각과는 다소 다르지만, 좀더 자세히 말씀해주시겠습니까?"

지혜로운 사람은 이렇게 말하면서 대화를 이끌어간다. 그러면 상대는 자유롭게 자신의 의견을 이야기하면서 자연스럽게 그 문제점을 발견하게 될 것이다.

"아, 이 방법은 좀 무리가 있겠군요. 제가 잘못 생각했습니다."

결과적으로 오늘의 승리도 당신 것이다.

80

사소한 약속이라도 잊지
않을 때 믿음이 생긴다

약속은 지키려고 하는 것이다. 그런데 요즘에는 의례적으로 약속할 때가 많다.

"언제 밥 한번 먹자구."

그 약속을 진심으로 하는 사람도, 또 진심으로 지키리라 믿는 사람도 없다.

거래처 혹은 동료들에게 신세를 졌을 경우, 가만히 있기도 뭣하고 해서 인사치레로 약속을 하는 것이다. 하지만 별로 중요한 일이 아닐 때는 곧 잊어버리게 마련이다. 듣는 사람 입장도 마찬가지다.

'거래가 성사되도록 애써주어서 고맙다는 뜻이겠지.'

그렇게 받아들이고, 꼭 지켜야 할 약속이라는 생각 없이 말한 사람과 함께 잊어버리고 만다.

그러나 성공적인 직장생활을 하는 사람은 다르다. 결코 인사치레로 약속하지 않는다. 언제 밥을 사겠다고 했으면, 무슨 일이 있어도 그 약속을 지킨다.

"자네, 언제가 좋은가? 점심으로 할까, 저녁으로 할까?"

"아니, 그게 무슨 소린가?"

"그때 자네가 고맙게 해주어서 내가 밥 한번 먹자고 하지 않았나?"

물론 약속을 했다는 사실조차 까맣게 잊어버리고 있던 상대방은 감격하게 된다.

'그렇게 안 봤더니, 이 사람 정말 믿을 만한데.'

한번 깨진 믿음은 회복하기 힘들다. 아무리 사소한 약속이라도 꼭 지키고, 인사치레로 하는 약속은 하지 않는 것이 인간관계에서 믿음을 얻는 가장 좋은 방법이다.

81

욕을 먹더라도 싫으면
분명하게 거절한다

친한 사이에 어떤 부탁을 받으면 거절하기가 어렵다. 마음속으로는 싫으면서도 차마 안 된다는 말이 안 나온다. 그러다 보면 시간이나 능력으로 보아 도저히 불가능한 일도 거절을 못해 낭패를 당하는 수가 있다.

어느 날, 친한 선배가 부탁을 한다.

"이번에 부업으로 오리고기 식당을 개업하는데, 아무래도 돈이 모자라서 대출을 신청했지. 그래서 말인데, 자네 보증 좀 서 주겠나? 입지조건이 좋아서 장사는 땅 짚고 헤엄치기야. 대출금은 곧 갚을 수 있을 테니 걱정 말고."

사실은 마음 내키지 않는 일이지만, 거절을 못하는 후배는 결국 보증을 선다. 그런데 땅 짚고 헤엄치기라던 장사는 때마침 유행

한 조류 인플루엔자 때문에 망하고 만다. 당연한 일이지만, 보증을 선 후배는 대출금을 떠안게 된다. 두 사람 사이는 회복할 수 없는 지경에까지 이른다.

애초 보증을 부탁한 선배가 잘못이지만, 거절 못한 후배에게도 일말의 책임이 있다. 욕을 먹더라도 아예 분명하게 거절했더라면, 빚은 빚대로 남고 두 사람 사이는 악화될 대로 악화되는 사태는 막을 수 있었을 것이다.

부탁을 거절 못하는 사람의 심리를 살펴보면, 마음 밑바닥에 남에게 욕먹는 것이 싫다는 생각이 깔려 있다. 하지만 우물쭈물 태도를 분명하게 하지 않으면 결국 더 많은 욕을 먹게 되는 사태가 된다.

직장이란 전쟁터와 같이 살벌한 곳이다. 부탁을 잘 들어주는 좋은 사람 노릇을 하다가 치명적인 실수를 하게 되면 그 책임은 누가 지는가. 친할수록 거절을 잘해야 서로의 관계도 틀어지지 않는다.

82

마음은 표현하지 않으면 모른다

스스로도 자기 마음을 잘 모를 때가 있다. 그러니 다른 사람과의 관계에 있어서야 더 말할 것이 있겠는가. 가장 가까운 가족끼리도 표현하지 않으면 상대방이 어떤 생각을 가지고 있는지 알 수가 없다. 말하지 않으면 상대방의 마음을 오해하게 되고, 오해는 또 다른 오해를 불러 마침내 서로 차갑게 돌아서게 된다.

직장에도 그런 사람이 있다. 속도 깊고 사람은 괜찮은 것 같은데, 자기 부탁 때문에 아무리 성의를 다해도 고맙다는 말을 할 줄 모른다. 몇 번 그런 일을 겪다 보면 슬그머니 섭섭해진다. 나중에는 혹시 자신을 무시하는 것은 아닌가 하는 생각이 든다.

'뭐야, 기껏 열심히 해주었더니 아무 말도 없고……'

따라서 친한 동료 사이라도 신세를 졌으면 잊지 말고 고마움을 표해야 한다.

'굳이 말 안해도 알 거야. 언젠가 기회가 되면 신세를 갚아야지.'

그런 생각일지도 모르지만, 그것은 그야말로 자기 생각일 뿐이다.

고맙다는 말에도 때가 있다. 고맙다고 생각한 그때가 바로 기회다. 지나치게 뜸을 들이면 고마운 마음도 어디론가 사라지고, 인사를 받는 사람도 다소 어리둥절해진다.

또한 고맙다는 말에는 진심이 담겨 있어야 한다.

"이번 일은 자네가 도와주어서 훨씬 수월했어. 정말 고마웠네."

이렇게 진심을 다해 말하면, 상대는 자신이 참으로 보람된 일을 했다는 생각이 들 것이다. 마음은 그렇지 않으면서 입으로만 고맙다고 말하는 것은 표시가 난다. 그런 눈치가 보이면, 마음을 닫고 다시는 어떤 부탁도 들어주려 하지 않을 것이다.

83

아무리 친한 사이에도 할 말 안할 말은 가려야 한다

직장에서의 만남은 학교나 군대 등 다른 사회에서의 만남과는 다르다. 친하다고 해도 겉으로만 그럴 때가 많다. 속속들이 서로를 알기도 힘들지만, 또 그런 것을 원하지도 않는다. 따라서 직장에서는 아무리 친해도 할 말 안할 말은 가려야 한다. 자칫하다가는 상대의 감추고 싶은 자존심을 건드릴 수 있다.

"결혼한 지 꽤 오래 된 것 같은데, 어째서 아이가 없는 거지? 집안에서는 아이 울음소리가 나야 살아 있는 듯한 기분이 드는 건데."

아이가 없는 속사정을 그 누가 알겠는가. 마음먹고 가족계획을 하는 건지, 아니면 끊임없이 시험관아기 시술을 해도 잘 안 되는 건지 알 수 없는 일이다. 물론 말하는 사람이야 관심의 표현으로 그런 소리를 했을 것이다. 하지만 아무리 선의를 가지고 한 말이라 해도 듣는 상대가 상처를 받는다면 역효과가 난다.

별명도 상대방이 듣기 싫어하면 부르지 말아야 한다.

"어이, 와이셔츠 단춧구멍!"

눈이 작다고 붙인 별명이다. 그것이 상대에게 콤플렉스가 된다면 삼가야 한다.

또한 잘한 것은 잘했다고 바로 말하는 것이 좋다. 농담하듯 뒤집어서 표현하면 오해할 수 있다.

"뭘 그렇게 빨리 해? 다른 사람이 보면 일에 미친 줄 알겠네."

친하면 예의를 차리지 않아도 되는 것으로 아는 사람들이 많다. 그러나 친할수록 예의를 갖추어 말하지 않으면 관계가 더 쉽게 깨진다. 농담삼아 상대의 약점을 건드리거나 화젯거리로 삼기를 즐기는 사람이 있다. 아무리 편안한 분위기에서라도 그런 말들을 쉽게 하고 그 화제에 동참하는 것은 삼가야 한다. 일단 입 밖으로 나온 말은 엎질러진 물 같아서 주워담을 수가 없다.

84

상사의 지적에 구구한 변명보다
솔직한 사과가 더 낫다

출근하면 습관적으로 컴퓨터를 켜고 이메일을 확인하는 사람들이 있다. 거기서 그치는 것이 아니다. 그 다음에는 또 웹서핑을 하느라 귀중한 아침 시간을 그냥 흘려보낸다.

만약 상사가 부하직원의 그런 태도를 주의해서 보다가 지적을 한다고 치자.

"자네, 아침부터 일은 안하고 뭐하는 건가?"

"업무 관계로 뭐 좀 확인하고 있었습니다."

부하직원의 변명에 상사는 표정이 굳어진다. 뻔히 다 알고 있는 사실에 변명을 늘어놓으니 화가 난 것이다.

"번번이 개인 이메일 확인하고 웹서핑한다는 거 다 알고 있는데, 무슨 변명인가?"

부하직원의 입장에서는 억울할 수도 있다.

'일하기 전에 워밍업하는 기분으로 좀 그랬기로서니, 그걸 뭐 쫀쫀하게 참견하고 그래?'

상사가 좀 심하다고 생각할 수도 있다. 아무리 그래도 컴퓨터 몇 시간 만지는 것까지 간섭할 정도로 비인간적이라는 생각이 들 것이다. 하지만 가만히 생각해보면 상사는 고작 컴퓨터 몇 시간 만진 것 가지고 화를 낸 게 아니다. 황금 같은 근무시간에 이메일 체크나 하고 웹서핑이나 하는 그 여유만만한 태도, 그리고 뻔히 다 알고 있는 사실을 구구하게 변명하는 데 화가 난 것이다.

"죄송합니다. 일하기 전에 워밍업하는 기분으로 그랬는데, 다음부터는 조심하겠습니다."

자신이 생각하기에는 아무리 사소한 잘못이라도 상사가 그 일로 화를 낼 때는 즉시 사과하는 것이 상책이다. 상사는 어떤 형태든 회사에 손실을 끼치는 직원에 대해서는 나무랄 자격이 있다고 믿는다. 그런데 부하직원이 변명을 늘어놓으면 불쾌감을 느낀다. 그럴 땐 솔직하게 잘못을 시인하고 업무를 시작하는 것이 좋다.

85

바로 표현하면 감정적이지만 때를 기다리면 감동을 줄 수 있다

직장에 다니면서 때때로 공평치 못한 처사에 울분을 느낀 적이 있을 것이다. 그럴 때마다 부당하다는 표시를 하며 화를 내다가는, 신중하지 못한 사람이라는 평가와 함께 덤으로 상사의 미움까지 살 것이다. 가령 아침 출근시간에 지각을 해도 상사는 피치 못할 집안 사정 때문이라고 하면 그만이다. 하지만 나는 출근시간 하나 제대로 지키지 못하는 불성실한 사람으로 낙인찍힌다. 또 같은 실수를 저질러도 상사의 경우에는 '사람이 그럴 수도 있는 거지' 하는 식으로 넘어가고, 내 경우에는 해서는 안 될 실수를 한 것으로 간주된다.

생각하면 참으로 울화가 치미는 일이 아닐 수 없다. 하지만 직장은 안온하고 따뜻한 곳이 아니라 총알만 왔다갔다하지 않을 뿐

전쟁터나 마찬가지다. 항상 긴장한 채 살아가야 한다. 그런 가운데서 생존하려면 강한 정신력이 필요하다.

상사의 처사가 불공평하다고 생각될수록, 부당한 일을 당해 울분이 치솟을수록 감정적이 되면 안 된다. 참을 수 없다고 사표를 던지다가는 열두 번으로도 모자란다. 오히려 얼굴 표정을 차분하게 가다듬고 내일을 도모해야 한다. 상사도 인간인 이상 당연히 부하직원이 억울해할 것을 안다. 그러면서도 바쁘게 돌아가는 조직의 특성상 일일이 알은체하지 않고 넘어갈 뿐이다. 그러다 시간이 흐르면, 언젠가는 부하직원이 하고 싶은 말이 많았음에도 불구하고 참고 기다렸다는 것을 깨닫게 된다.

'참기 힘들었을 텐데, 정말 진득한 친구로군.'

비로소 진가가 발휘되는 순간이다.

직장이라는 조직에 계속 몸담기를 원한다면, 욱하는 감정으로 상사와의 관계를 망치지 말아야 한다. 그렇게 참고 견디다 보면 마침내 승리의 깃발을 흔들게 될 것이다.

가족이나 친구 사이의 대화가 친밀감을 높이는 것이라면 직장에서의 대화는 신뢰를 쌓기 위한 것이다. 신뢰가 없다면 부하직원은 의견이 있어도 상사에게 당당히 말하지 못할 것이고 상사는 부하직원에게 업무지시를 하기가 힘들 것이다. 결과적으로 개인의 잠재력은 묻히고 소통의 길은 막혀버린다.

직장에서 상사와 부하직원 사이의 대화가 원활해지면 무엇보다도 실적이 좋아진다. 의사표현이 자유로우면 감정적으로 편안한 가운데 창의적인 사고를 할 수 있기 때문이다. 따라서 직장에서의 원활한 소통을 위해서는 신뢰를 촉진하는 대화가 필수적이다.

7 Part

남녀사이의 대화

남자와 여자는 각기 다른 특징을 가진 존재다. 이런 남녀가 사귀게 되면, 서로의 다름을 '이해' 하지 못하여 여러 가지로 '오해' 가 생긴다. 따라서 상대를 받아들이는 것이 남녀 사이의 대화에서 가장 중요하다. 즉, 마음을 터놓는 대화를 통하여 서로의 다름을 인정하고 서로에 대하여 공감함으로써 상대를 진정으로 이해하는 것이 중요한 것이다.

86

서로의 차이를 인정하면
둘 사이가 원만해진다

모든 인간관계에는 필연적으로 갈등이 있다. 따라서 갈등을 두려워하지 않고 인간관계를 풀어나가는 훈련이 필요하다. 훈련의 첫 번째 과제는 상대에게 지나친 기대를 갖지 않도록 한다는 것이다. 사람을 사귈 때는 서로에게 어느 정도 시간을 주어야 한다. 그러나 지나친 기대감을 가진 사람은 그것이 잘 안 된다.

인간관계에서 갈등이 생기는 가장 큰 이유는 상대에게 인정받고자 하는 욕구 때문이다. 자신이 원하는 만큼 인정받고 사랑받지 못할지도 모른다는 생각으로 갈등을 느끼는 것이다.

이와 같이 관계를 맺는다는 것은 쉬운 일이 아니다. 특히 이성교제는 만만치가 않다. 내가 뭔가 잘못한 것도 아니고 상대가 특별히 잘못한 것도 없는데 왠지 둘 사이가 삐걱거린다. 맞지 않는 것이다. 이럴 때 근본적으로 서로의 차이를 인정하면 관계가 훨씬 부드러워진다. 시간이 지나면서 서로의 차이는 '틀린 것'이 아니라 '다른 것'이 되는 것이다.

'아, 이 사람은 내가 잔소리하는 걸 싫어하는구나.'

'이 여자는 문제의 해결이 아니라 그냥 들어주기를 원하는구나.'

남자는 자기가 듣고 싶은 것만 듣고, 여자는 문제의 해결책이 아니라 단지 자기 이야기를 들어주는 것, 즉 공감을 원하는 것이다.

서로에 대한 기대는 그만큼 줄어들고, 상대를 있는 그대로 인정하게 되는 것이다. 이렇게 되면 마음이 훨씬 가벼워지면서, 서로 상처받는 것도 좌절하는 것도 없다. 관계 맺는 것이 더 이상 어려운 일이 아닌 것이 된다.

87
상대를 변화시킬 수 없다면
있는 그대로 받아들여야 한다

사람의 감정은 하루에도 몇 차례씩 변한다. 그럼에도 불구하고 상대가 마음에 들지 않는다고, 자기 뜻대로 따라주지 않는다고 불평을 하는 사람이 있다. 어차피 내가 상대를 변화시킬 수 없는 바에야 나쁜 면보다는 좋은 면, 단점보다는 장점을 보도록 애써야 한다.

아무도 부정적인 사람은 좋아하지 않는다. 무엇인가 불만이 있고 분위기가 어두운 사람보다 긍정적이고 마음이 밝아지는 사람이라야 다시 만나고 싶어진다.

뭔가 팔 때도 소비자에게서 긍정적인 대답이 많이 나오게 해야 그 물건을 팔 확률이 더 높다고 한다. 따라서 되도록 상대에게서 '네' 라는 답이 나올 수 있는 질문을 해야 한다.

늘 상대의 안 좋은 점만 보고 불만스러워하는 사람은 어느 조직에서나 환영받지 못한다. 특히 남녀관계에서는 어두운 면보다는 밝은 면을 볼 줄 알아야 그 관계가 길게 지속된다.

"이 옷 어때요?"

날씨가 따뜻해지자 화사한 원피스를 입고 남자를 만나러 나온 여자가 묻는다.

"좋은데. 색깔도 멋지고 모양도 예쁘고⋯⋯"

자신의 취향은 아니지만 남자는 기분 좋게 이야기한다.

여자는 한시름 놓았다는 듯 옷자락을 매만지며 안도의 한숨을 쉰다. 덕분에 그 다음 대화도 부드럽게 이어진다.

"우리, 어디 갈까요?"

"예쁜 옷도 입었으니, 자랑할 겸 공원에나 가지."

"그럴까요?"

말도 습관이다. 자신도 모르는 습관이 상대에게 계속 부정적인 이미지를 심어줄 수 있다는 사실을 기억해야 한다. 긍정적인 인상은 노력을 통해 만들어지는 것이다.

88

상대를 중심으로 생각할 때 대화의 문이 열린다

남녀교제에서 가장 큰 문제는 의사소통이 어렵다는 것이다. 그런데 그 대부분은 독선과 이기심에서 비롯된다. 남녀 모두 원만한 대화를 원하고 그것을 통한 인정과 공감을 바란다. 그러나 둘은 자신의 욕구에만 충실해져, 남자는 자신의 이야기를 여자가 인정해주지 않는다고 불만이고 여자는 자신의 말에 남자가 도무지 관심을 보이지 않는다고 불평을 한다.

"무슨 이야기를 하든 다소곳이 수긍하는 법이 없어요. 무조건 반대부터 하고 본다니까요."

"벽을 상대하는 느낌이에요. 무슨 생각을 하는 건지, 내용도 모르면서 건성으로 대답을 하곤 해요."

결혼까지 생각하며 교제하는 남녀에게 대화는 무엇보다 중요하다. 의사소통에 어려움을 느낀다는 남녀의 대화 내용을 보면 서로 자기 이야기에만 열중한다. 상대의 기분에 상관없이 나를 모든 것의 중심으로 삼으려 한다. 그렇게 되면 당연히 대화는 단절이 된다. 서로 생각하는 바가 다르니 그럴 수밖에 없다.

대화를 잘 못하는 사람들에게는 몇 가지 특징이 있는데, 그 가운데 독선과 이기심이 앞자리를 차지한다. 그런 사람에게 대화를 할 때 부디 상대의 입장도 배려하라고 조언하면 이렇게 말한다.

"난 그렇게 하고 있다고 생각하는데……"

결국 그것은 습관이다. 자신도 모르는 사이에 독선과 이기심이 발현되어 상대는 무시한 채 자기 입장만 생각하게 되는 것이다.

따라서 우리의 대화는 지속적으로 상대를 향해야 한다. 내가 아니라 상대를 중심으로 생각하면, 그때부터 꽉 닫혀 있던 대화의 문이 열리게 된다.

89

갈등이 있을 때는 둘 사이에서 풀어야 한다

서로 사귀는 사이에 다툼이 있는 것은 흔한 일이다. 그런데 그럴 때 대응하는 방법은 두 가지로 나뉜다. 그 한 가지는 당사자인 두 사람이 갈등의 원인을 풀려고 하는 것이고, 또 한 가지는 그 갈등의 문제를 다른 사람에게 가지고 가서 해결하려고 하는 것이다.

다른 사람에게 갈등의 문제를 가져가는 것은 이해관계가 없는 상태에서 냉정하게 다툼을 보고자 하는 것이다. 하지만 그것은 옳은 방법이 아니다. 갈등은 두 사람 사이에서 일어난 것이니, 다른 사람이 아닌 바로 두 사람이 풀어 가는 것이 바람직하다.

그 문제에 대해 혼자서 얼마나 고민하다가 다른 사람을 찾게 되었는지는 중요하지 않다. 그런 태도는 문제 해결과는 거리가 멀다.

다툼이 있었다면 상대와 그 문제에 대해 진지한 대화를 나누었어야 한다. 따라서 문제를 해결하기 원한다면 당사자와 이야기해야 한다. 단, 말하는 방법에 주의해야 한다.

가령 상대의 지나친 사교성이 문제가 될 경우가 있다고 하자.

"당신은 교우관계가 지나치게 번잡스러운 게 문제야."

이렇게 말하면, 상대는 설령 그것이 사실이라 할지라도 기분이 언짢을 것이다.

"당신은 사람들 사이에 정말 인기가 많아. 성격이 너무 좋은 거 아냐?"

앞의 말과 의미는 비슷하다. 하지만 돌려서 부드럽게 하는 그 말을 듣는 사람의 기분은 하늘과 땅만큼 다를 것이다. 물론 둘 사이에 갈등이 싹틀 여지도 없다.

90

싸움에도 룰이 있다

연애하는 남녀 사이에도 다툼이 있을 수 있다. 그러나 모든 싸움이 마찬가지지만, 싸움에도 룰이라는 것이 있다. 그 첫째는 싸울 때 과거의 잘못을 들먹이지 말아야 하고, 둘째는 상대를 공격하지 말고 문제의 본질만 가지고 싸워야 한다는 것이다.

먼저 현재 싸움의 원인이 되고 있는 일에 대해서만 말하고 과거 일은 들추지 않는다. 우리의 머리는 구조상 상대의 잘못을 발견하면 동시에 서너 가지의 과거 잘못을 재빨리 생각해 낼 수 있게 되어 있다. 하지만 잘못할 때마다 과거를 들추는 것은 비열한 짓이다. 어떤 문제를 가지고 싸우는 일은 단 한 번으로 끝내야 한다. 과거의 잘못까지 끌어들이다 보면 어느 새 싸움의 본질은 흐려지고 만다.

"그 버릇 아직도 못 고친 거야? 몇 달 전에도 그랬잖아."

그러면서 과거 상대방의 약점을 집중적으로 공격하면, 당하는 쪽 사람은 정작 싸움의 원인이 된 일은 잊어버리고 분노하게 된다.

따라서 나쁜 일을 거론할 때는 반드시 그것만을 따로 떼어 지적해야 한다.

싸울 때 과거의 잘못을 들추는 것도 문제지만, 상대방의 인격을 비난하는 데 열을 올리는 경우가 있다.

"네가 하는 일이 다 그렇지 뭐. 야무지지 못하고 어리숙해 가지고……"

이 경우도 당하는 쪽 사람은 마찬가지로 싸움의 본질은 잊어버리고 자신의 약점을 비난거리로 삼는 상대에 대해 분노를 느끼게 된다.

따라서 싸울 때는 사람 자체를 공격하지 말고 문제의 본질을 쟁점으로 삼아야 한다. 그것이 바로 두 번째 싸움의 룰이다.

91
상대를 맥빠지게 하는 말은
삼가야 한다

사귀는 사람에게서 '실망했다', '지쳤다'는 말을 들으면 어떤 기분이 들까? 둘 사이를 위해 많은 노력을 했던 사람일 경우, 자신이 지금까지 한 일이 부질없는 짓이었다는 생각과 함께 맥이 빠질 것이다.

연애를 하다 보면 울컥 감정적이 될 때가 있다. 자연히 말도 감정적이 된다. 말은 마치 놓쳐 버린 기차와 같다. 한번 떠나면 돌아오지 않는다. 따라서 순간의 감정에 휩싸여 한 말이 결정적인 이별로까지 이어질 수 있다.

'실망했다', '지쳤다'는 말은 참으로 치명적이다. 더 이상 두 사람의 관계를 위해 애쓰고 싶지 않다는 의미를 내포한 말이기 때문이다.

사귄다는 것은 관계가 활성화된다는 말이다. 따라서 실망하거나 지쳤다는 것은 관계의 활성화를 원하지 않는다는 뜻이다.

두 사람의 관계를 위해 더 이상 애쓰고 싶지 않다는 사람을 붙들고 무슨 말을 하겠는가. 듣는 사람을 맥빠지게 하는 그런 말은 거의 이별 통보와 같다. 진정으로 헤어지고 싶은 것이 아니라면 '실망했다', '지쳤다'는 말 대신 교제를 위해 애쓰는 태도를 보여야 한다.

아무리 복잡하게 얽힌 갈등일지라도, '내'가 아니라 '상대'의 입장을 배려하는 마음으로 찬찬히 생각하면 그 매듭을 풀 수 있다. 즉 감정적인 말보다, 힘들고 어려운 상황이긴 하지만 두 사람의 관계를 위해 계속 애쓸 것이라는 사실을 분명하게 한다. 이러한 태도야말로 서로의 관계를 믿음이라는 반석 위에 올려놓는 가장 좋은 방법이다.

92

여자는 해결책보다는 공감을 원한다

"회사에서 팀장에게 싫은 소리를 들었어. 내가 한 일이 마음에 안 들었던 모양이야."

여자가 힘없이 말한다.

"그래? 내가 그 팀장 좀 혼내줄까?"

남자가 농담하듯 말한다.

남자들은 착각하고 있다. 사실 여자가 원하는 것은 해결책이 아니라 공감이다. 여자가 남자에게 그 말을 한 이유는, 싫은 소리를 한 그 팀장을 어떻게 해달라는 게 아니라 그런 일이 있어서 자기 기분이 언짢다는 사실을 알아주었으면 하는 것이다.

여자는 어떤 일로 화가 나면 들어줄 사람을 필요로 한다. 그리고 그 사람을 앞에 놓고 한없이 이야기를 한다. 그런 경우 남자는 계속하여 여자의 말에 끼어들면서 해결책을 제시한다. 하지만 그녀의 속마음은 그게 아니다. 해결책을 들으려는 것이 아니라, 그렇게 말하는 과정이 위안이자 격려가 된다.

그렇지만 남자는 여자의 말을 듣고 앉아 있는 자체가 그야말로 고역이다. 참다못해 여자의 말을 중간에서 끊고 나선다.

"그래, 내가 어떻게 해주면 될까?"

여자가 자신의 해결안을 들으려 하지 않을 때, 남자는 여자의 문제를 별것 아닌 것으로 몰아가려 한다.

"너무 그렇게 풀죽을 것 없어. 직장생활하다 보면 그럴 수도 있지."

그런데 이런 말은 여자의 기분을 더욱 언짢게 만든다. 그녀는 자기 기분에 공감해 주지 않는 남자를 냉정한 사람이라 생각하여 마음의 문을 닫을지도 모른다.

따라서 여자가 말할 때는 온 신경을 집중하여 잘 들어주고, 눈높이에 맞추어 그 감정을 이해해 주려 노력해야 한다.

"정말 언짢았겠다. 나도 그 기분 알 것 같아."

이 따뜻한 말 한마디에 여자는 완전한 '내 편'인 남자를 더욱 사랑하게 될 것이다.

93

남자의 능력을 과시할 수 있는 기회를 주어야 한다

　남자는 누구나 자신의 능력을 과시하고 싶은 욕심이 있다. 특히 사귀는 여자에게는 자기가 가진 능력을 베풀어 도움을 주고 싶어 한다.

　그런데 여자가 무거운 가구를 들여놓으며 남자친구를 부르지 않았다. 여러 가지로 바쁜 남자친구를 생각해서였다.

　"어제 가구를 들여놓았어. 네가 바쁠 것 같아서 나 혼자 했지."

　여자의 말에 남자는 씁쓸한 표정을 지었다.

　"내 도움이 없어도 씩씩하게 잘하는군."

　그러나 슬기로운 여자는 다르다. 자기가 다 할 수 있어도 남자가 끼어들 여지를 남겨놓는다. 남자에게 목숨보다 중요한 것이 자존심이라는 것을 알기 때문이다.

"이번에 가구를 들여놓아야 하는데, 아무래도 나 혼자서는 힘들 것 같아. 와줄 수 있지?"

아무리 쉬운 일이라도 당신 없이는 아무것도 못하겠다는 뜻이다. 이와 같이 약한 면을 드러내는 여자에게 남자는 '그러면 그렇지' 하는 마음으로 내심 미소를 짓는다. 남자로서는 보호본능이 일어날 수밖에 없는 상황이다.

"물론 가고말고. 나 아니면 그런 일을 누가 하겠어?"

자신을 온전히 의지하고 믿는 여자에게 남자는 있는 힘을 다하게 된다. 이때 남자의 남성성은 거의 슈퍼맨 수준에 이른다. 남자의 남성성을 발휘하게 만들고 싶다면, 여자는 남자보다 더 능력이 있어도 모자라는 척, 더 강해도 약한 척해야 한다. 그리고 사소한 일이라도 해주면 감탄하며 칭찬함으로써 그 자존심을 살려주어야 한다.

94

칭찬과 격려는 불 속이라도 뛰어들게 하는 힘이 있다

사람은 사랑을 먹고 산다. 그리고 그 사랑은 바로 격려와 칭찬이라는 수단을 통해서 표현된다.

여자들이 잘못 알고 있는 사실은, 말을 많이 하면 남자가 자기 생각대로 움직이리라 생각하는 것이다. 그래서 끊임없이 잔소리를 한다.

"그런 친구는 가까이하지 말아요. 내가 여러 차례 얘기했잖아요."

하지만 여자의 그와 같은 반응에 남자들은 짜증스러워진다.

"다 알아서 해요. 왜 친구 사귀는 것까지 참견하는 거죠?"

진정으로 남자를 움직이는 힘은 잔소리가 아니라 칭찬과 격려다.

"당신은 정말 사람 보는 눈이 정확해요. 친구를 보면 그 사람됨을 알 수 있거든요."

그 정도 되면, 남자는 내심 뜨끔하면서 여자의 말에 맞추기 위해서라도 질이 나쁜 친구는 멀리하게 될 것이다.

누구나 주위 사람들에게 격려나 칭찬을 받고 싶어 한다. 특히 남자는 자신을 알아주는 여자를 위해서는 목숨까지 바칠 각오가 되어 있다. 따라서 여자들은 남자가 어떤 일을 할 때 그에 맞는 적절한 격려와 칭찬을 아끼지 말아야 한다. 남자들은 격려와 칭찬이 여자에게 자신이 얼마나 인정받고 존경의 대상이 되고 있는지를 알 수 있는 척도라고 생각하기 때문이다.

구체적으로 칭찬하고 격려하면, 남자는 자기를 인정하고 존경하는 여자의 마음에 감격하여 아마 불 속이라도 뛰어들 것이다.

남자와 여자는 다르다. 누가 더 낫다, 혹은 못하다는 말이 아니다. 다만 남자와 여자는 각기 다른 특징을 가진 존재다. 이런 남녀가 사귀게 되면, 서로의 다름을 '이해' 하지 못하여 여러 가지로 '오해' 가 생긴다.

부모와 자식, 부부, 친구, 윗사람과 아랫사람 등 모든 인간관계는 타협과 협상의 연속이다. 사귀는 남녀 사이에도 마찬가지다. 감정이든 물질이든 어느 한쪽에서 주기만 하거나 또는 다른 한쪽에서 받기만 하면 필연적으로 갈등이 빚어진다.

그 갈등을 푸는 가장 좋은 방법은 대화다. 마음을 터놓는 대화를 통해 남자와 여자는 비로소 서로의 다름을 인정하고 받아들이게 되는 것이다.

8 Part

부부간의
대화

이 세상에서 가장 친밀한 관계는 부부관계이
다. 그런데 이런 친밀함이 상대에 대한 존중의
표현을 소홀히 하게 하기도 한다. 그러나 남편
이나 아내로부터 존중받는 것만큼 한 사람의
인생에서 중요한 것은 없다. 아내에게서 인정
받는 남자와 남편에게 사랑받는 여자는 당당
하고 자신감이 넘친다. 그러나 그 반대의 경우
가장 기본적인 자존심이 무너져서 어떤 일도
제대로 할 수 없다. 따라서 부부간의 대화는
그 어떤 관계보다 상대를 배려하고 존중하는
대화가 되어야 한다.

95

좋은 대화가 좋은 부부관계를 만든다

사람은 누구나 사랑하는 사람으로부터 관심과 인정을 받고 싶어한다. 특히 상대가 남편 또는 아내일 때는 그 마음이 더욱 간절해진다. 만일 남편 또는 아내가 상대로부터 관심과 인정을 받는다는 확신이 있으면 자신감과 함께 의욕이 솟구친다. 따라서 부부 사이에 바람직한 대화를 많이 할수록 상대에 대한 이해가 깊어지고 두 사람의 관계는 더 친밀해지게 된다.

말은 생각, 감정, 행동의 동기가 되고 대화하는 상대와의 관계를 만들어낸다. 말다툼을 하다가 버릇처럼 헤어지자거나 이혼하자는 소리를 하는 사람들을 보면, 결국 그 말대로 헤어지고 이혼하게 되는 경우가 많았다.

"당신이 나한테 뭘 해줬어? 결혼해서 지금껏 행복하다고 느낀

적은 한번도 없어."

"우리는 아예 만나지 말았어야 할 사람들이야."

이것은 두 사람 관계의 부정적인 면을 강조한 말이다. 따라서 이런 말은 생각과 감정과 행동에 연쇄적으로 좋지 않은 영향을 끼친다.

'우린 정말 잘못 만난 걸까?'

그런 생각에 사로잡힌 사람이 상대에게 좋은 감정을 가질 수 있겠는가. 생각과 감정이 어긋나면 그것이 행동으로 나타나 두 사람은 언젠가 헤어지게 된다.

"당신처럼 책임감 없는 사람은 처음 봤어. 당신을 믿느니 통나무를 믿지."

아내가 이렇게 말하면 남편은 아무리 잘하려고 결심했다가도 '어차피 믿지 않을 텐데' 하는 생각이 들어 포기하게 될 것이다.

"계속 그러면 아예 집을 나가버릴 거야."

싸울 때마다 남편이 위협하듯 말하면 아내는 혹시 남편이 정말 떠나버릴지도 몰라 두려워하다가, 나중에는 화가 날 것이다.

'툭하면 나간다구? 맘대로 하라지.'

서로에 대한 부정적인 말에 얽매어 두 사람의 관계가 걷잡을 수 없이 악화되는 것이다.

이와 같이 관계가 대화를 만들기도 하지만 대화가 관계를 좌우하기도 한다. 따라서 남편과 아내는 좋은 대화로 좋은 부부관계를 만들도록 노력해야 할 것이다.

96

부부 사이의 대화는
자녀에게도 영향을 미친다

아이들이 부모를 닮는 것은 당연한 일이다. 얼굴이 닮지 않았으면 하다못해 발가락이라도 닮는다. 모습뿐만이 아니다. 말투, 즐겨 쓰는 단어 등 말씨도 부모를 그대로 닮는다. 식사를 할 때나 텔레비전을 볼 때 등 일상생활 가운데 부모가 나누는 대화를 듣고 자기도 모르게 영향을 받는 것이다.

"여보, 이거 오늘 옆집에서 이사왔다고 가지고 온 떡이에요. 좀 들어보세요."

"그래? 맛있게 생겼네. 당신도 먹어요."

서로를 챙기고 위하는 부모의 대화를 들으며 자란 아이들은 엄마나 아빠 못지않게 서로를 생각하는 마음이 지극하다.

"성일아, 연필 좀 빌려줘."

"내가 산 연필인데, 필요하면 형 가져."

아이들은 부모의 대화에서 더 나아가 사회생활까지 배운다. 다른 사람들과 어떻게 관계를 맺고 살아야 하는지 자연스럽게 배우는 것이다.

따라서 부모가 인격적으로 성숙한 사람이면 그 자녀 역시 반듯하고 올바른 말을 구사하겠지만, 그 반면 부모가 모든 면에서 미흡하다면 자녀의 대인관계도 바람직하지 않은 방향으로 뻗어나갈 것이다.

강압적인 부모 밑에서 자란 아이들은 나중에 반드시 가정 내에서나 사회에서 문제를 일으킨다. 이를테면 부모의 거친 말을 형제들끼리 주고받거나 부모에게서 들은 폭언을 그대로 부모에게 퍼붓기도 한다. 즉 가정불화란 어린 시절 부모가 아이에게 던진 거친 말들의 총결산이다.

지금까지 이렇다할 생각 없이 주고받아온 부부 사이의 대화가 자녀들에게 중대한 영향을 미친다는 것을 알았으면 건강하고 올바른 대화를 위해 보다 더 노력해야 할 것이다.

97

말은 상대를 살리기도 하고 죽이기도 한다

상대를 격려하고 힘을 주는 말이 있는가 하면 상처주고 깎아내리고 좌절하게 하는 말도 있다.

"당신은 정말 대단해."

"잘해봐. 당신은 할 수 있어."

"모든 게 당신 덕분이야."

이런 말은 상대를 격려하고 힘을 주는 말이다. 그 반면 다음의 말들은 상대에게 상처주고 깎아내리고 좌절하게 하는 말이다.

"뭐 하나 잘하는 게 있어야지."

"안 봐도 뻔하지. 당신은 아무리 발버둥쳐도 안 돼."

"당신, 그럴 줄 알았어."

이 두 종류의 말은 상대에게 영향을 끼치는 면에서 하늘과 땅의 차이를 보인다.

남편 또는 아내로부터 앞의 말을 들으면, 자기도 모르게 기운이 솟고 뭐든지 할 수 있을 것 같고 살맛이 날 것이다. 하지만 뒤의 말을 들으면, '나는 아무리 애를 써도 안 돼' 하는 절망적인 생각과 함께 좌절하게 될 것이다.

단순한 소리의 울림에 그칠 수도 있는 말이지만, 뜻을 담을 때 이와 같이 상대를 살리기도 하고 죽이기도 하는 힘을 갖는다. 따라서 아무리 가까운 사이라도 말을 하기에 앞서 과연 상대를 살리는 말인지 죽이는 말인지 한 번 더 생각해보아야 할 것이다.

98

좋은 감정을 표현해야
좋은 남편이 된다

사랑에도 유통기한이 있다고 한다. 미국의 심리학자가 2년 동안 전세계 5천 명을 대상으로 관찰한 결과, 열렬한 사랑의 지속기간은 대략 18개월에서 30개월이라고 한다. 사랑에 빠지면 뇌의 도파민 분비가 활성화되어, 상대를 보기만 해도 기분이 좋아지고 감정이 벅차오르게 된다. 하지만 시간이 흐르면 도파민 분비가 줄어드는 대신 이성적 판단을 주관하는 전두엽이 활성화된다. 흔히 말하는 콩깍지가 벗겨지는 것이다.

그렇다면 오래된 부부는 무엇으로 살까? 물론 열렬한 사랑은 유통기한이 지났을지 모르지만, 부부만 아는 또 다른 사랑이 그 자리를 채운다.

그러나 남편과 아내는 전혀 성향이 다르다.

'사랑한다는 말을 들어본 게 언젠지 몰라. 남편은 이제 더 이상 날 사랑하지 않나 봐.'

결혼한 지 제법 오래되었지만 아내는 여전히 남편으로부터 사랑한다는 말을 듣고 싶어한다.

아내는 말로 표현하지 않으면 감정이 없는 것이라고 생각하는 반면, 남편은 아내와 달리 새삼스럽게 사랑한다는 말을 해야 할까 하는 생각을 한다.

'함께 오래 살았으니 말하지 않아도 내 마음을 알겠지.'

사실 남자는 사회적으로나 가정적으로 감정을 드러내는 일에 익숙하지 못하다. 그에 반해 여자들은 감정을 표현하는 것을 오히려 여성스럽게 여기는 문화 속에서 살아왔다.

남편은 이런 남녀의 차이를 인정해야 한다. 그리고 결혼생활의 행복을 원한다면, 아내에게 느끼는 나름의 사랑과 고마움을 그때 그때 표현해야 한다. 그렇다고 큰 부담을 가질 것은 없다. 이미 열렬한 사랑의 유통기한을 지난 아내가 바라는 것은 그저 솔직한 감정의 표현일 뿐이다. 그럼으로써 남편이 자신을 얼마나 생각하고 있는지 깨닫게 해주며, 남편 내면의 깊은 감정을 알 수 있게 해준다.

예컨대 직장에서 승진을 했을 때 아내의 공로를 인정하는 것도 한 방법이다.

"정말 고마워. 당신이 내조를 잘해줘서 이번에 부장이 된 것 같아."

아내에게는 더 이상의 찬사가 없다. 아마도 그동안의 섭섭했던 마음은 그 말로 눈녹듯 녹아내릴 것이다.

99

어머니와 아내가 듣고 싶어하는 말을 해주어야 한다

결혼을 하면 그때부터 남자는 두 여자 사이에서 줄타기를 해야 한다. 물론 두 여자는 어머니와 아내다. 줄타기를 얼마나 잘하느냐에 따라 결혼생활이 골치 아파지기도 하고 편해지기도 한다.

시어머니에게 불만이 있어도 드러내어 표현할 수는 없고, 며느리 입장에서 그 불만을 해소할 수 있는 대상은 남편뿐이다.

남편이 아내 얼굴을 보니 좀 굳어 있는 같았다. 그래서 슬쩍 눈치를 보며 물었다.

"왜, 무슨 일이 있었어?"

"글쎄, 어머니가……"

아내가 속에 있던 말을 하기 시작했을 때, 남편은 짐짓 큰소리로 말했다.

"아니, 어머니는 대체 당신하고 살라고 하시는 거야, 말라고 하시는 거야?"

아내는 당황한 얼굴로 손가락을 세워 입에다 댔다.

"조용히 말해. 어머니 들으시면 어쩌려고……"

어느 결에 아내의 표정은 부드러워져 있었다. 아내는 시어머니와의 대결에서 단지 자기 편이 필요했던 것뿐이다.

만일 남편이 다음과 같이 말했다면 어땠을까?

"그건 당신이 잘못 생각했어. 어머니는 절대 그럴 분이 아니야."

그랬다면 아내는 화가 나서 아예 입을 다물어버렸을지도 모른다.

마찬가지로 어머니가 며느리에 대해 좋지 않게 이야기할 때도 있다. 이 경우 어머니가 아들에게 듣고 싶은 말은 단 한 마디다.

"그 사람, 참…… 제가 주의를 줄게요."

아들이 눈치 없이 며느리 편에 섰다면 어머니는 어땠을까? 결혼을 하더니 아들이 며느리 치마폭에 싸여 달라졌다고 섭섭해했을 것이다.

아내나 어머니나 남편 또는 아들이 하는 말의 내용보다는 어떤 태도로 말하는지가 더 중요하다. 따라서 가정의 평화를 위해서는 그들이 듣고 싶어하는 말을 해주어야 한다.

100

아내의 신세타령에 정색을 하면 안 된다

"친구들은 다 여유롭게 사는 것 같던데, 왜 나만 이 모양 이 꼴일까?"

동창 모임에 다녀온 아내가 신세타령을 늘어놓는다. 이 경우 아내는 어떤 해결책을 원하는 것이 아니다. 그저 마음속을 털어놓을 상대가 필요할 뿐이다. 그런데 남편은 민감한 반응을 보인다.

"그래서 어쩌라는 거야? 지금이라도 결혼을 무를까?"

이렇게 되면 남편에게 위로받고 싶어 말을 꺼냈던 아내는 속이 답답할 것이다. 남편 역시 자기 마음을 몰라준다는 사실에 몹시 외롭기도 할 것이다.

여자들에게 말은 의사표현이 아니라 감정표현의 수단이다. 그래서 감정적으로 자기 편이라고 생각하는 사람인 남편에게 푸념을 늘어놓는다. 그럼으로써 살림이나 육아 등 결혼생활에서 오는 스트레스를 풀려는 것이다. 남편이 그런 의도를 몰라줄 때 아내는 배신감마저 느끼게 된다.

아내가 어떤 말을 하거나 잘 들어주기만 해도 남편 노릇을 반은 하는 셈이다. 옳으니 그르니 따지지 않고 맞장구를 쳐주면, 아내의 굳은 마음은 자기도 모르게 풀린다.

"비록 호강시켜주진 못하지만, 당신은 정말 가정적인 사람이야. 명자 남편은 잘나가는 대기업 이사지만 얼굴 보기가 힘들다는데. 생각하면 나는 남편 복이 많아."

남편 입장에서는 아내가 건강하게 오랫동안 곁에 있어주기를 바랄 것이다. 그렇다면 아내의 말에 잠자코 귀를 기울여주어야 한다. 설령 그것이 말도 안 되는 억지스러운 불평이라도 말이다. 남편이 들어줌으로써 스트레스가 다 풀리면, 아내는 정신적으로나 육체적으로나 건강한 상태를 유지할 수 있다. 물론 가정생활도 행복할 것이다.

101

구체적인 대안을 제시함으로써
자녀교육에 관심이 있다는
사실을 보여준다

자녀가 웬만큼 자라면 부부 사이의 대화 중 많은 부분을 차지하는 것이 바로 교육문제다. 맞벌이 부부가 아닌 이상 남편보다는 아내가 자녀의 교육을 주관하는 경우가 많다. 이런 때 남편과 아내의 교육관이 같으면 문제될 것이 없다. 그런데 자녀에게 기대하는 바가 서로 다를 때는 큰 갈등의 요소가 된다.

남편은 아이가 어렸을 때는 마음껏 뛰놀기를 원하는데, 아내는 경쟁사회에서 살아남으려면 무엇이든 가르쳐야 한다는 생각을 가지고 있다면 충돌을 피하기 어렵다. 결국 그 갈등은 어느 학원을 가느냐부터 시작하여 대학 선택까지 계속될 것이다.

"우리 아이는 절대 남에게 뒤떨어지지 않게 키울 거예요."

"아이는 저 하고 싶은 걸 하면서 건강하게 자라는 게 좋은데."

아내의 자녀교육을 그대로 방관하거나 간섭하거나, 남편 입장에서는 둘 다 좋은 방법이 아니다. 남편이 할 수 있는 가장 현명한 처사는, 우선 아내의 방법을 비난하지 않으면서 관심을 표시하는 것이다.

"다른 아이들에게 뒤떨어지지 않게 키워야 한다는 데는 나도 동의해. 그런데 이 학원 저 학원 다니다가 아이가 지칠 수도 있으니, 일단 꼭 하고 싶은 것만 남기고 학원 수를 좀 줄여봅시다. 그리고 아이의 반응을 좀 보자구."

이렇게 말하는 데는 아내도 어쩔 수 없을 것이다.

"당신은 애들 교육에 관심이 없는 줄 알았는데. 그 말대로 한번 해보고 다시 얘기해요."

102

자식들 앞에서 소리지르는 남편에게는 자기 의사를 분명하게 밝힌다

남자들 중에는 자기 마음에 맞지 않으면 버럭 화를 내며, 아이들이 보고 있거나 말거나 아내에게 소리를 지르는 사람이 있다.

"리모컨은 어디 간 거야? 분명히 이 자리에 있어야 하는데."

"그 옷은 맡긴 지 한참 됐는데 아직도 안 찾아왔어?"

"냉장고가 왜 이렇게 지저분해? 도대체 살림을 어떻게 하는 거야?"

아내 입장에서는 맞받아 소리를 지르자니 아이들 보기 민망하고, 그렇다고 참자니 무시당하는 느낌이 들어 속이 부글거린다. 잠자코 있으면 남편은 아내 마음의 상처 따위는 아랑곳하지 않고, 버릇처럼 무슨 일만 있으면 소리를 지를 것이다. 따라서 남편이 아이들 앞에서 소리를 지르면 무조건 참는 것이 능사가 아니다.

"왜 소리질러? 잠자코 있으니까 내가 우스워 보여? 무시하지 말라구."

이렇게 그 자리에서 남편에게 덤비라는 소리가 아니다. 그랬다가는 걷잡을 수 없이 싸움이 커져서 이혼을 하느니 마느니 하는 이야기까지 나올지도 모른다.

가장 현명한 방법은 아이들이 없는 자리에서 분명하게 자기 의사를 밝히는 것이다.

"아까는 당신이 나를 무시하는 것 같아 정말 화가 났어. 그렇게 아이들 앞에서 소리를 지르면, 아이들도 엄마는 무시해도 괜찮은 사람이라고 생각할 거야. 앞으로는 할 말이 있으면 둘만 있는 자리에서 해주면 좋겠어. 그러면 나도 잘못한 게 있으면 고치도록 할 테니까."

남편도 아주 꽉 막힌 사람이 아니라면, 아내의 차분한 반박에 자기가 지나쳤음을 깨닫고 이후로는 조심할 것이다.

103
시어머니와 갈등을 빚는 대신
남편을 협조자로 끌어들인다

"집안 꼴이 이게 뭐냐? 좀 치우고 살아야지."

모처럼 찾아온 시어머니가 미간을 찌푸리며 잔소리를 한다. 남편이 시어머니 편을 들어 맞장구를 친다.

"맞아. 정신없어서 집에 들어오고 싶은 생각이 없다니까. 총각 때는 참 깔끔하게 살았는데."

그런 경우 아내는 분하고 억울한 생각이 들 것이다.

'치우고 돌아서면 애들이 어질러놓는 걸 나더러 어쩌라구?'

시어머니가 잠깐 자리를 비운 틈에 남편에게 분풀이를 한다.

"아니, 어떻게 그런 말을 할 수 있지? 너무해!"

그래 봤자 속이 시원하지 않다. 그보다는 감정을 가라앉히고 차분하게 남편의 협조를 구하는 편이 현명하다.

"나는 하느라고 하는데 표시가 안 나네. 하루종일 애들한테 시달리다 보면 너무 힘들어. 그래서 말인데, 당신이 좀 도와주면 안 될까?

사실 대부분의 남편은 어머니와 아내 사이의 문제로 자신이 귀찮은 상황에 빠지는 것을 바라지 않는다. 따라서 아내의 부탁을 받아들일 태세가 갖추어져 있다.

"알았어. 시간 나는 대로 당신을 도울게."

이렇게 되면 문제가 의외로 쉽게 풀린다. 시어머니와 갈등을 빚지 않고 남편까지 집안일의 협조자로 끌어들였으니, 이만하면 소기의 목적을 달성한 셈이 아닌가.

설령 남편이 일하는 것이 다소 미흡하다 해도 잔소리하지 말고 그대로 지켜보아야 한다. 그리고 이렇게 말한다.

"당신은 정말 가정적인 남자야. 내가 결혼 하나는 잘했어."

104

아무리 하찮은 말이라도
잘 들어준다

남편이 평생 다니던 직장을 나와 집에만 있게 되었을 때, 부부는 비로소 서로를 직시할 수 있게 된다. 물론 자기 처지에서 할 수 있는 일을 하며 제2의 인생을 사는 남자들도 있지만, 갑자기 찾아온 자유시간을 어쩌지 못해 이러니저러니 잔소리를 늘어놓으며 아내 꽁무니만 졸졸 따라다니는 사람도 있다. 또 아예 삶의 의미를 잃을 정도로 좌절하여 폭삭 늙어버리는 사람도 있다.

첫 번째를 제외한 두 번째, 세 번째 경우 모두 아내 입장에서는 부담스럽다. 평생 동안 집 밖에서 많은 시간을 보내던 남편이 할 일을 잃고 한가해진 모습, 또는 힘이 다 빠진 채 자신에게만 의지하는 모습이 아내로선 낯설다. 남편이 성가시게 느껴질 수밖에 없다.

그렇다고 남편을 홀대하면 안 된다. 성가셔도 대화 상대가 되어주고, 설령 마음에 안 들어도 가장으로서 대접을 깍듯이 해야 한다. 직장을 잃었다고 가장 믿었던 아내가 자신을 무시한다 생각하면 남자들은 마치 배신당한 듯한 기분을 느낄 것이다.

피시방에서 게임을 하며 소일한다든가 아니면 늦바람을 피우는 등 집 밖에서 엉뚱한 일을 벌이는 남자들의 특징이 있다.

"마누라와는 말이 잘 안 통해서······"

기껏 생각해서 자신의 마음속을 털어놓아도 아내는 진지하게 들으려 하지 않고 시큰둥한 반응을 보이기 일쑤다.

"그게 무슨 고민거리나 돼? 몸이 편하니까 별생각을 다한다니까."

결국 남자들은 입을 다물고 집 밖으로 나오게 되는 것이다.

퇴직한 남편이 마음의 갈피를 못 잡고 고민을 털어놓는다면, 아무리 하찮은 말이라도 아내는 그 말에 귀를 기울여야 한다. 아내가 자기 말을 들어준다는 것만으로도 남편은 충분히 위로를 받고 살아갈 힘을 얻는다,

105
부부가 함께 즐길 수 있도록
주말계획을 짠다

　최근에는 어느 직장이나 주5일 근무가 기본이다. 그 덕분에 주말을 즐기는 사람도 늘었다. 남자들은 따분한 일상에서의 탈출을 꿈꾸며 등산, 스쿼시, 패러글라이딩, 사이클 등 활동적인 취미를 찾아나선다.

　"당신도 함께 갑시다. 땀을 흠뻑 흘리면 몸이 얼마나 개운한지 몰라."

　몇 주인가 혼자 주말을 보내던 남편이 아내에게 권한다.

　사랑하는 아내와 같은 취미활동을 하고 싶은 것은 당연한 욕심이다. 그런데 동적인 남자와 달리 여자는 정적인 성격의 소유자가 많다. 땀흘리며 거친 운동을 하기보다는 가까운 교외에 나가 맛있는 음식을 먹으며 쉬는 것을 더 좋아한다.

이와 같은 성향을 무시한 채 남편이 아내에게 자기가 좋아하는 거친 운동을 강요하면 안 된다. 어쩌면 아내는 남편의 권유를 차마 거절하지 못해 함께 취미활동을 하는 것인지도 모른다. 하지만 좋아서 하는 일이 아닌 이상 언젠가 못하겠다고 주저앉는 날이 올 수도 있다. 그것은 입장을 바꾸어 생각해보면 너무도 분명해진다.

"여보, 이번 주말에는 아이들 데리고 한강시민공원에 갑시다."

아내가 이렇게 말하면 남편은 가족에 대한 '봉사' 차원에서 나들이를 나갈 것이다. 하지만 자기가 좋아서 하는 일이 아니니, 얼마 못 가 피곤함을 느낄 것이다.

아내도 똑같다. 짐작만으로 아내도 좋아할 것이라고 생각하면 안 된다. 남자들은 부부는 일심동체니 자기가 좋으면 당연히 아내도 좋아할 것이라 생각한다. 그러나 상대의 의향을 고려하지 않은 이런 행동은 아내를 지치게 할 뿐이다.

주말에 아내와 함께 취미활동을 하고 싶다면, 먼저 그럴 의향이 있는지부터 물어야 한다.

"주말에 우리 둘이 뭔가 배워볼까? 당신 생각은 어때?"

106
남녀의 차이를 인정할 때 부부 동반 외출이 즐거워진다

미국 유머사이트에 실린 만화가 있다. 저녁 외식을 앞둔 남녀의 모습을 비교한 것이다.

약속시간이 1시간 앞으로 다가오자 여자가 말했다.

"멋진 저녁식사를 위해 7시까지 나갈 채비를 합시다."

남자는 컴퓨터를 들여다보며 건성으로 대답했다.

"문제없어."

그후 30분간 여자는 샤워를 하고 머리를 말리고 세팅을 했다. 그동안에도 남자는 여전히 컴퓨터를 들여다보고 있다.

마침내 약속한 1시간을 1분 남겨둔 시점에도 여자는 화장을 하고 있다. 남자는 컴퓨터를 계속하고 있다.

하지만 결과는 의외의 반전을 이루었다. 1시간이 지났는데도 여자가 외출 준비를 마치지 못한 반면, 남자는 1분 만에 정장까지 차려 입은 완벽한 모습으로 기다리고 있는 것이다.

충분히 공감이 가는 내용이다. 동반 외출을 하는 날, 대부분의 부부는 집을 나서기 전부터 표정이 굳어지는 경우가 많다. 원인은 앞서의 만화와 마찬가지로 외출 준비시간의 남녀 차이 때문이다.

남편은 옷만 갈아입으면 외출준비가 끝나지만 여자들은 다르다. 머리를 감고 말리고 화장하고, 그것도 모자라 장롱에서 옷을 있는 대로 꺼내 이 옷 저 옷 입어본다. 진작 준비하고 기다리는 남편으로서는 속터지는 노릇이다.

하지만 남편이 남녀의 차이를 인정하고 받아들일 때 부부 동반 외출은 더 이상 스트레스가 안 된다. 아내가 마음껏 준비하는 동안 남편은 조바심내지 말고 느긋하게 못 다한 일을 하면 된다. 사놓고 못 본 책을 보는 것도 괜찮은 방법이다.

이 세상에서 남편 또는 아내만큼 가깝고 친밀한 사람은 없다. 이런 부부 사이에 대화가 부족하거나 그 방법이 잘못되어 있으면 가정 자체가 병들게 된다.

가정에서 남편 또는 아내로부터 인정받고 사랑을 받으면, 언제 어디서 누구를 상대로 해서든 당당한 태도를 보일 수 있다. 하지만 만일 남편 또는 아내가 적대적인 태도를 보인다면, 가장 기본적인 자존심이 무너짐으로써 삶의 모든 것이 엉망이 되어버린다. 남편 또는 아내와의 관계는 삶을 풍요롭게 하고 무한한 기쁨을 느끼게 하는 근원이 되기도 하지만, 반대로 인생 자체를 무너뜨리고 절망과 좌절을 불러오는 원인이 되기도 한다. 따라서 부부는 다른 어떤 인간관계보다 더 서로를 신뢰하고 이해하고 사랑하고 있다는 느낌을 가질 수 있는 대화방식을 배워야만 한다.

9 Part

자녀와의 대화

대화를 통하여 아이를 올바른 길로 인도하고
싶어 하는 부모들이 있다. 그런데 올바른 길은
반드시 부모로부터 나오는 것이 아니다. 올바
른 길이라는 정답이 정해져 있는 것이 아니기
때문이다. 올바른 길은 아이의 생각과 감정을
존중하며 아이와의 솔직한 대화를 통하여 함
께 만들어 가는 것이다. 그리고 이렇게 부모와
대화를 하며 성장한 아이는 자존감 있고 정서
적으로도 안정적이다. 그래서 상대를 이해하고
배려하는 성숙한 사람이 된다.

107
부모 말을 잘 듣는 것이
반드시 좋은 일은 아니다

별다른 말썽 없이 잘 자라 부모의 자랑거리가 되는 아이가 있다. 한번도 시키는 일을 거역한 적도 없고, 눈에 거슬리거나 마음에 안 드는 일을 한 적도 없다. 그러던 아이가 사춘기에 접어들면서 갑자기 엇나가기 시작했다. 이렇게 하라면 저렇게 하고 저렇게 하라면 이렇게 한다. 부모 마음에 안 드는 친구도 사귀고 옷차림도 이상해졌다. 사춘기는 말 그대로 '질풍노도의 시대'다. 그동안 꾹꾹 눌러왔던 감정이 화산처럼 일시에 폭발할 수도 있는 시기다. 그럴 때 부모는 어쩔 줄 몰라하며 몹시 당황하게 된다.

"지금껏 말 잘 듣던 애가 갑자기 왜 이러는지 모르겠어요."

아이들은 말을 잘 안 듣는 것이 정상이다. 대부분의 아이들은 한 번 말해서 듣는 경우가 거의 없고, 적어도 두세 차례 재촉을 받은 후에야 겨우 못 이기는 체 몸을 일으킨다. 그런 아이들에게 '이 건 해라', '이건 하지 마라' 일일이 간섭을 하며 얌전하게 만들어 놓았으니, 부작용이 생길 것은 뻔한 노릇이다. 얼마든지 큰 나무 로 자랄 수 있는 식물을 사람의 욕심에 따라 철사로 얽어매어 분재 로 만드는 것과 같은 이치다.

분재와 마찬가지로 이래도 저래도 조용하고 얌전한 아이는 왠 지 위험해 보인다. 자신의 의지와는 상관없이 부모의 뜻에 따라 착 해져야만 했기 때문이다. 그런 아이는 호기심이라든지 창의력을 발휘하는 일에 문제가 있다. 자유로운 생각과 행동에 제약을 받기 때문이다.

그 심각성은 아이가 자라 어른이 되면 더욱 두드러진다. 지나 치게 말 잘 듣는 아이는 주관이 분명치 못하고 일에 대한 판단력과 대처 능력이 눈에 띄게 떨어진다. 부모는 물론이고 주위사람들의 비위를 거스르지 않고 따르는 데 익숙하기 때문이다.

그뿐만이 아니다. 실패하고 잘못할 것이 두려워 모든 일에 적 극적으로 나서지 못한다. 그 결과 자기 인생의 주인이 되지 못한 아이는 실패자의 멍에를 쓴 채 평생을 살아갈 수도 있다.

108

부모의 욕심이나 취향보다
중요한 것은 아이의 꿈이다

부모들은 아이가 시키는 대로 하지 않으면 한숨을 쉬며 말한다.

"이게 다 너 잘되라고 하는 말이야."

물론 부모가 자기 아이 잘못되라고 하진 않을 것이다. 하지만 냉정하게 생각해보면 부모의 말 모두가 아이를 위해 하는 말은 아니다. 자기 아이들은 어때야 한다는 기준을 정해놓고 거기에 못 미칠 때 화를 참지 못해 하는 말일 경우도 많다.

부모의 역할은 아이들이 진정으로 원하는 것과 이루고 싶은 것을 위해 노력할 수 있도록 돕는 것이다. 어떤 꿈이라도 괜찮다. 아이가 꿈꿀 수 있도록 하고, 그 꿈을 위해 노력하게 하는 것이 중요하다.

그런데 부모들 가운데는 아이들이 '하고 싶어하는' 것보다 자신이 '하고 싶어했던' 것을 강요하는 사람들이 있다. 가령 학자가 되고 싶었던 아빠는 아이가 공부를 잘하기 원하고, 피아니스트가 꿈이었던 엄마는 피아노 배우기를 원한다. 아이가 공부에 취미가 없고, 또 피아노를 배우기보다 그림 그리기를 더 좋아한다는 사실은 무시한다. 엄마 아빠의 꿈이 바로 아이의 꿈이 되고 목표가 되는 것이다. 일종의 대리만족이다.

자기 꿈이 무엇인지, 자기가 진정으로 원하는 게 무엇인지 알지 못한 채 부모가 시키는 대로 하는 아이는 불행하다. 아이가 행복해지려면 스스로 하고 싶은 것, 이루고 싶은 것, 가지고 싶은 것을 위해 노력해야 한다.

"네 꿈이 뭐냐?"

아이에게 이렇게 물을 수 있는 부모가 되어야 한다. 한 사람의 인생에서 부모의 욕심이나 취향보다는 그가 마음속에 간직하고 있는 꿈이 훨씬 중요하니까.

109
아이는 부모의 소유물이 아니다

사람이란 자신의 말이 상대방에게 영향을 미치지 못한다고 생각하면 맥이 빠진다. 좌절하게 되는 것이다. 부모와 자녀 사이에는 그런 경향이 특히 강하다.

사실 갓난아이는 부모 없이는 한 순간도 살아갈 수 없다. 따라서 그 삶을 전적으로 부모에게 의존한다. 부모는 아이를 보살피는 대신 그 아이에 대해 강력한 권위를 갖게 된다. 그렇게 아이를 키우다 보면 어느 결엔가 자기 생각과 아이의 생각이 같아야 한다고 여기게 되며, 그렇지 않을 때는 좌절을 느낀다.

부모 입장에서는 부인할지 모르지만, 마음 깊은 곳에는 '아이에게는 내가 없으면 안 된다. 아이는 나의 분신이자 소유물이다' 하는 생각이 자리잡고 있기 때문이다. 그들은 아이가 자신들과 다른 성격, 다른 생각을 가지고 있다는 사실을 결코 받아들이지 못한다. 아이는 무조건 부모 말을 들어야 한다고 생각하는 것이다. 하지만 그런 생각이 바로 대화를 가로막아 아이의 입을 다물게 한다.

"엄마가 그렇게 하라고 했는데, 왜 안했어?"

"아빠가 시키는 대로 안하더니, 잘됐구나."

만약 아이에게 이런 말을 지나치게 많이 하고 있는 부모라면, 스스로를 돌아보아야 한다. 그리고 자신이 과연 아이에게 꼭 필요한 말을 하고 있는지 생각해보아야 한다.

그런 경우 부모에게 어떤 문제가 있다기보다는 진심으로 화가 나고 좌절해서 앞뒤 생각 없이 하는 말일 수 있다. 그렇다고 용서가 되는 것은 아니다. 숨을 깊이 들이마신 다음, 다음과 같이 차분하게 자기 마음을 전달하는 것이 훨씬 효과적이다.

"엄마가 볼 때는 그게 맞는 것 같은데, 네 생각은 어때? 네가 어떤 중요한 결정을 할 때 옆에서 도움이 되는 말을 하는 것이 엄마로서의 도리라고 생각해."

110

공감할 때 마음이 열린다

학교에서 돌아온 아이의 어깨가 축 처져 있다. 무슨 일이 있었는지 묻자, 아이는 한참 뜸을 들인 후 가장 친한 친구와 다툰 이야기를 한다.

"다른 때처럼 '몽당연필!' 하고 불렀더니 갑자기 화를 벌컥 냈어요."

"체격이 좀 작은 모양이구나."

아이는 힘없이 고개를 떨어뜨린다.

"엄마도 어렸을 때 그런 적이 있어. 친한 친구가 여드름이 많은 편이라 별명이 멍게였어. 어느 날 평소처럼 그 별명으로 불렀더니, 별안간 얼굴이 굳어져서 집으로 가버리더라구."

"그래서 어떻게 했어요?"

아이가 호기심이 생긴 듯 바짝 다가앉는다.

"사실 그애는 여드름이 많다는 게 콤플렉스였어. 그 마음을 헤아리지 못한 내가 잘못이지. 그래서 집으로 찾아가서 진심으로 사과하고, 다시는 그런 별명 부르지 않겠다고 했어."

"그랬더니 뭐라 그래요?"

"응, 자기도 속좁게 화내서 미안하다고 하더군. 갑자기 여드름이 많아져서 속상한데 그 소리를 들으니까 욱하더래."

아이는 문득 생기가 도는 얼굴로 일어선다.

"엄마, 나 좀 나갔다 올게."

물론 잠시 후에 돌아온 아이의 얼굴은 평소와 다름없이 밝았다.

친한 친구와 다투거나 어떤 일을 그르쳤을 때, 아이는 부모로부터 이해받고 위로받기를 원한다. 그런 때 엄마나 아빠의 경험을 이야기해주는 것이다.

'그런 일은 나만 겪는 게 아니구나. 엄마나 아빠도 나와 똑같네.'

부모가 그 정서에 공감하는 것만으로 충분히 위로가 되어 아이의 마음이 열리는 것이다.

111

버릇을 고치는 데도 지혜가
필요하다

"학교 끝나면 바로 집으로 오라고 했잖아."

"먼저 숙제부터 한 다음에 놀라고 했지?"

무조건 아이의 버릇을 고치겠다고 나서는 것이 부모가 자주 저지르는 실수 가운데 하나다. 아이의 나쁜 버릇은 반드시 고쳐주어야 부모로서의 의무를 다하는 것이라고 생각하는 것이다.

기회는 아이들이 자라는 동안 여러 차례 찾아온다. 이번 기회를 놓친다고 해서 큰일이 나는 것은 아니다. 그런데도 마치 기회가 한 번밖에 없는 것처럼 초조하게 생각하는 사람들이 있다. 어떤 부모들은 엄한 표정으로 야단을 치거나 매를 든다. 그래야 두 번 다시 나쁜 버릇이 나오지 않는다는 것이다.

버릇을 잡겠다고 무섭게 야단을 치거나 매를 들면, 아이는 결코 바뀌지 않고 부모와의 관계만 멀어질 뿐이다. 부모는 야단을 치거나 때림으로써 아이 스스로 무엇을 잘못했는지 깨닫기를 바라지만, 사실 아이가 느끼는 것은 부모에 대한 두려움뿐이다. 그런 일이 되풀이되면 아이의 마음속에서는 슬그머니 반항심이 일어난다.

'내가 뭘 그렇게 잘못했다는 거야?'

버릇을 고치려다가 관계 자체를 아예 망쳐버리는 일이 일어나는 것이다.

따라서 아이와의 관계에서도 지혜가 필요하다. 부모가 아이의 반항적인 기분을 이해하고 양보하는 모습을 보인다면, 다음번에는 아이가 한 발 물러설 수도 있다. 아이도 그만큼 마음의 여유가 생기기 때문이다.

112

자존감을 살려주어야
자신감이 생긴다

부모들은 아이에게도 자존심이 있다는 사실을 깨닫지 못한다. 그래서 아이가 어떤 일에 도전했다 실패하면 본의 아니게 아이의 자존심을 짓밟곤 한다.

"넌 애가 왜 그 모양이니? 내가 너라면 그렇게는 안하겠다."

"그런 일 하나 못하다니, 넌 정말 구제불능이야."

그럴 경우 아이는 자기는 아무것도 할 수 없는 사람이라고 생각하며, 자신에 대해 부정적인 이미지를 갖게 된다. 자존감을 잃게 되는 것이다. 아이의 자존감을 살려주는 일은 그 장래와 직결되어 있다. 따라서 부모들은 아이의 실패를 지적하기 전에 먼저 그 자존감을 살려주기 위해 어떻게 하면 될지 생각해야 한다.

하지만 자존감은 하루아침에 만들어지는 것이 아니다. 어린 시절부터 지혜로운 부모 밑에서 적절한 사랑과 격려를 받으며 자랄 때 천천히 뿌리를 내려, 성인이 되었을 때 마침내 그 열매를 맺게 되는 것이다.

아이가 자존감을 잃었을 때 부모가 할 일은 무엇보다 먼저 긍정적이고 희망적인 말을 해주는 것이다.

"괜찮아. 이번엔 실패했지만 다시 도전하면 돼. 넌 반드시 잘할 수 있을 거야."

부모의 이런 말은 아이에게 용기와 자존감을 갖게 하여 다시 도전할 수 있는 자신감을 심어준다.

부모로서 아이에게 자신감을 심어주는 것만큼 중요한 일은 없다. 자신감만 있다면 아이는 아무리 어려운 일이 닥쳐도 무난히 헤쳐나갈 수 있고, 자기 자신에 대한 부정적인 이미지를 긍정적인 것으로 바꿀 수 있다.

부모의 노력에 의해 모든 일에 자신감이 생긴 사람들은 새로운 일에 도전하는 것을 꺼리지 않으며, 만약 실패하더라도 좌절하거나 실망하지 않는다. 오히려 실패의 원인이 무엇인지 철저히 분석하여 앞으로의 성공에 도움이 되는 일로 만든다.

113

아무리 옳은 말도 자주 하면 잔소리가 된다

부모가 신경쓰지 않게 공부도 잘하고, 준비물도 잘 챙기고, 동생도 잘 보살펴주고, 인사성도 바르고, 친구들과도 잘 지내고…… 아이들이 모두 이렇다면 얼마나 좋겠는가. 하지만 부모 마음에 쏙 드는 그런 아이는 없다. 끊임없이 잘못을 저지르고, 눈에 거슬리는 짓을 하고, 실수를 한다. 아이에게 좋은 부모가 되고 싶은데, 생각했던 것과는 거리가 먼 행동을 한다. 그러면서도 또한 사랑스러운 것이 아이들이다.

아이가 눈에 거슬리는 짓을 할 때 부모들은 갈등하게 된다.

'뭐라고 한마디 해야 하나, 말아야 하나?'

목구멍까지 올라온 말을 그냥 삼키기도 한다. 그래도 번번이 봐줄 수는 없다. 정 안 되겠다 싶으면 작정하고 말을 꺼낸다.

"동생하고 사이좋게 지내라고 했지? 동생은 너보다 약하니까 때리면 안 돼."

하지만 아무리 옳은 말이라도 자주 하면 잔소리가 되는 법이다. 부모는 아이에게 자신의 생각과 느낌을 다 이야기해서는 안 된다. 보는 대로 이야기하고 지적하다 보면, 아이의 귀까지 전달되지 않고 부모의 권위는 떨어진다. 아이에게 하고 싶은 이야기가 잘 전달되도록 하려면, 사소한 일은 그냥 지나치고 중요한 일만 강조하는 지혜가 필요하다.

따라서 부모는 말을 하기 전에, 아이에게 주의를 주고 싶은 것이 사소한 일인가 중요한 일인가 잘 판단해야 한다. 그래야 아이에게 반드시 가르쳐야 할 것을 효과적으로 전달할 수 있다.

114

대화를 잘하려면 먼저
잘 들어야 한다

아이와 대화를 잘하려면 우선 그 말에 귀를 기울이라고 한다. 경청, 곧 상대의 말을 잘 듣는 것은 아무리 강조해도 지나치지 않다. 그저 말없이 고개를 끄덕이며 들어주는 것이 바로 경청이다. 경청하고 공감하는 사람에게 마음속에 담아두었던 말을 더 솔직하게 털어놓게 되는 것은 당연한 일이다.

아이들의 경우도 마찬가지다. 부모가 아이의 말을 잘 들으려면 정신적으로나 육체적으로나 준비가 되어 있어야 한다. 즉 먼저 마음의 문을 열어야 한다. 그리고 들으려는 자세를 취해야 한다.

"할 말 있으면 해봐."

아무리 그렇게 말해도, 청소를 하거나 저녁 준비를 하거나 하는 부산한 분위기에서는 말할 기분이 안 날 것이다.

차분하게 앉아서 들을 준비가 되었음을 보여주면, 비로소 아이도 엄마가 자기 이야기를 들어줄 의향이 있음을 알고 입을 열게 되는 것이다.

"사실은……"

아이가 어떤 생각을 가지고 있는지 알고 싶은가. 그렇다면 우선 그 말을 잘 들을 준비가 되어 있어야 한다. 진정으로 아이를 사랑하는 부모라면, 그가 무슨 생각을 하고 있는지 잘 듣고 힘든 일이 있을 때는 용기를 북돋아주어야 한다. 그리하여 더 나은 방향으로, 더 빨리 어려움을 극복할 수 있도록 도와주어야 한다.

115

잘못했을 때는 부모도 깨끗이 인정하는 것이 좋다

부모는 아이들에게 완벽한 사람으로 보이기를 원하므로, 미안하다고 말하는 것을 힘들어한다. 자신의 잘못이나 실수를 인정하면 어쩐지 부모로서의 권위를 잃는 일인 것 같다. 그래서 그냥 덮어버리는 것이 좋다고 생각하는 것이다.

하지만 부모도 사람인 이상 실수나 잘못을 하지 않을 수 없다. 그런 때 자녀가 잘못이나 실수를 지적하면 당황하게 된다. 누구나 자기 잘못이나 실수를 지적당하면 기분이 나쁘다. 지적하는 것이 다른 사람이 아니라 자녀일 때는 특히 더 기분이 상해서 감정적이 되기 쉽다.

'이제 다 컸다고 나를 우습게 아나?'

사실 실수나 잘못이란 누구나 할 수 있는 것이므로, 부모라고 해서 부끄럽게 생각할 필요는 없다. 감정적이 된다거나 어설프게 변명을 하다 보면 오히려 역효과가 날 수 있다. 잘못하거나 실수를 했으면 부모라도 깨끗이 인정하는 편이 더 낫다.

"엄마가 잘못했어. 앞으로는 안 그럴게."

자녀의 지적은 대개 구구한 변명을 할 수 없이 옳은 경우가 많다. 그런데도 부모라는 이유로 자녀의 지적을 기분 나쁘게 받아들이면 부모와 자녀 사이에 갈등이 생기는 원인이 된다.

부모 스스로 잘못이나 실수를 인정하면, 우선 자녀와 대등한 관계에서 대화를 할 수 있다. 또 자녀는 부모의 경우에서 잘못이나 실수를 인정하면 용서받을 수 있다는 사실을 배운다. 그리고 잘못했다는 말을 들음으로써 부모로 인해 받은 감정적 상처가 아물게 된다.

잘못했다는 말을 건네는 순간, 부모와 자녀 사이에 있던 찜찜함은 사라지고 서로 대화가 통하는 성숙한 관계가 시작될 것이다.

116

눈앞의 일만 가지고 나무라야 한다

아이들을 키우다 보면 어쩔 수 없이 잔소리를 입에 달고 살게 된다. 아침에 5분만 일찍 일어나서 서둘러라, 수업 마치면 바로 집으로 와라, 놀다 들어오면 반드시 손을 닦아라. 숙제부터 먼저 하고 만화영화를 보아라 등, 아이 귀에 딱지가 앉을 정도로 해야 할 말은 셀 수 없이 많다.

한 번 말해서 알아듣는 아이는 없다. 이미 버릇처럼 굳어진 어떤 행동을 바꾼다는 것은 아이들로서는 참으로 힘든 일이다. 그러니 그렇게 잔소리를 들어도 같은 잘못을 되풀이하는 것은 지극히 당연한 일이다.

거의 날마다 이런 과정을 겪다 보면, 부모들은 어느 정도까지 아이의 행동을 허용해야 할지 몰라 갈등을 겪게 된다. 그러다가 대부분은 결국 자기 감정을 드러내고 만다.

"지금까지 수도 없이 말했는데, 아직도 그 버릇을 못 고쳤구나. 도대체 몇 번이나 더 말해야 되는 거냐?"

이 말은 전부터 아이를 계속 지켜보고 있었고, 그것 때문에 엄마나 아빠 마음이 불편했다는 사실을 드러내는 셈이다. 따라서 듣는 아이 입장에서는 기분이 언짢을 수밖에 없다.

'뭐야, 그럼 엄마는 나를 볼 때마다 그런 생각을 했다는 거잖아.'

이렇게 굳이 지난 일을 들추어가며 문제를 더욱 크게 만드는 것은 올바른 해결책이 아니다. 따끔하게 나무라는 것까지는 좋지만, 지금 눈앞에서 한 행동만 가지고 나무라야 아이도 반발하지 않고 수긍하게 된다.

117

'너'가 아니라 '나'의 느낌을 이야기한다

너무나 당연한 이야기지만, 부모 입장에서 아이들이 자기 마음을 잘 몰라줄 때는 섭섭하고 속상하다. 부모도 사람인 이상 그런 감정을 느끼는 것은 지극히 자연스러운 일이다. 그러나 그 방법이 문제다.

감정을 잘 표현하려면 '너'가 아니라 '나'의 느낌을 이야기해야 한다.

"어딜 갔다 이제 오니? 휴대전화도 꺼놨더구나. 너는 도대체 왜 그렇게 부모 걱정을 시키는 거냐?"

아이가 귀가시간에 늦었을 때 대부분의 부모가 다짜고짜 하는 말이다. 이것은 '너'의 행동을 중심으로 한 말이다.

이에 반해 '나'를 중심으로 하는 말은 아이의 잘못된 행동에 대한 '나'의 느낌을 이야기한다.

"네가 늦게 와서 엄마가 얼마나 걱정을 했는지 알아? 혹시 사고라도 난 게 아닌가 몹시 불안했어."

무조건 화부터 내는 것이 아니라, 아이가 집에 늦게 오는 바람에 얼마나 걱정스럽고 불안했는지 자기 느낌을 이야기하는 것이다.

여기서 문제가 된 아이의 행동은 늦은 귀가시간이다. 그리고 그에 대한 부모의 감정은 걱정스럽고 불안한 것이다. '나'를 중심으로 한 이 방법은 아이가 무엇을 잘못했는지, 엄마가 무슨 일로 걱정하고 불안하게 생각했는지 이해하기 쉽게 만들어준다.

아마 아이는 엄마의 그 느낌에 공감하며 순순히 이렇게 말할 것이다.

"친구가 아이들에게 왕따를 당했다며 그 일로 하소연을 해서요. 그래서 휴대전화도 꺼놨던 건데…… 엄마가 그렇게 걱정하실 줄은 몰랐어요. 다시는 안 그럴게요."

118
감정을 표현하되 감정적이 되면 안 된다

아이에게 자신의 감정을 드러내는 것을 주저하는 부모들이 있다. 사람이 그 감정을 표현한다는 것은 지극히 자연스러운 일인데도 부모는 자식 앞에서 약한 모습을 보이면 안 된다고 생각하기 때문이다.

그런 사람들에게 감정을 드러내는 것은 곧 자신의 약한 부분을 보이는 것이다. 그래서 자기 감정은 억누른 채 아이를 질책한다.

"넌 공부는 뒷전이고 게임만 하는구나. 그러다 꼴찌하면 어떡할 거냐?"

이런 때 감정 표현을 잘하는 부모는 이렇게 말할 것이다.

"엄마는 정말 속상해. 게임하다가 공부에 영영 흥미를 잃게 되면 어쩌나 걱정이 돼. 적당히 절제하면 좋겠는데."

아이들은 엄마가 어떤 마음으로 게임을 말리는지, 자기가 무엇을 잘못했는지, 또 앞으로 어떻게 해야 하는지 깨닫게 된다. 이와 같이 부모의 감정 표현은 아이의 마음을 움직이고 행동을 변화시킬 수 있는 가장 효과적인 방법이다.

그런데 이때 부모가 한 가지 명심해야 할 일이 있다. 자신의 감정을 표현하되 적당히 해야 한다는 것이다. 부모가 때때로 자신의 감정을 털어놓는다는 것은 자녀에게는 몹시 부담스러운 일이다.

"엄마는 모든 걸 다 포기하고 오로지 너만 바라보고 사는데, 네가 이러면 안 되지."

이런 말을 듣는 자녀는 얼마나 마음이 무겁겠는가. 따라서 교육적으로 꼭 필요하다고 여길 때만 솔직하게 감정을 표현해야 한다.

감정을 말로 표현하는 것은 중요한 일이다. 하지만 부모와 자식 사이의 올바른 소통을 원한다면, 지나치게 감정적이 되지는 말아야 한다.

119

말에 일관성이 있어야 한다

아이들을 헷갈리게 하는 부모의 말이 있다.

"공부는 잘해서 뭐해? 그저 건강하게만 자라면 돼."

하지만 어느 때는 말이 또 달라진다.

"그렇게 공부해서 이 다음에 사람 구실이나 제대로 하겠니?"

아이들을 키우는 데 어떤 뚜렷한 원칙이 없는 부모의 변덕은 가치관에 혼란을 일으키는 원인이 된다. 그런 부모는 자기 기분이 좋으면 지나치게 관대하다가, 무엇인가 언짢으면 앞뒤 가리지 않고 나무란다. 같은 일을 두고도 이중의 잣대를 들이댄다. 가령 아이가 꽃병을 깨뜨렸을 때 그 반응은 극과 극이다.

"그런 건 깨져도 괜찮아. 너만 안 다쳤으면 되지."

"넌 왜 하는 일마다 그 모양이냐?"

이렇게 같은 일에 대한 서로 다른 반응은 아이들로 하여금 이러지도 저러지도 못하게 한다. 결국 아이들은 학교에 가서는 선생님, 사회에 나가서는 상사의 기분을 살펴 자기 처신을 결정하는 줏대 없는 사람이 되고 만다. 그리고 주변 사람의 평가에 지나치게 민감하여, 무슨 일을 하든 과감하지 못하고 눈치만 살피는 기회주의적인 사람이 되기 쉽다.

어떤 경우에는 부모의 변덕스러운 태도가 마음의 상처가 되어 모든 사람을 불신하기도 한다. 자신의 실수에 상사가 너그러운 태도를 보이면 '어차피 나중에 책임을 물을 거면서……' 하며 자기도 모르게 마음의 빗장을 걸어잠근다.

일단 어떤 원칙을 정하면 그 나머지 문제는 자동적으로 다 해결된다. 따라서 부모는 아이들 교육을 어떻게 할 것인지, 뚜렷하고 흔들리지 않는 원칙을 정하는 것이 무엇보다 중요하다.

부모는 자녀의 삶에 가장 큰 영향을 주는 사람이다. 즉 그 인생의 모범이 되는 사람이다. 특히 자녀가 어릴 때 부모는 그 성장과 발달에 의미 있는 변화를 일으키는 중요한 역할을 한다. 그 방법이 바로 대화다.

자녀들은 대화를 통해 부모로부터 다른 사람의 감정을 고려하는 법, 상대의 의견을 존중하고 배려하는 법, 말을 해야 할 때와 침묵할 때 등을 배운다. 하지만 부모는 자녀에게 단순히 어떤 방법을 가르칠 뿐만 아니라, 끊임없이 대화를 하며 더 넓은 세계, 인생의 밝은 전망을 보여주어야 한다.

자녀들에게 정신적으로 언제 어떤 상황에서든 같은 편이라는 안도의 느낌을 주는 한편, 육체적으로도 잘 성장할 수 있도록 이끌어주는 것, 그것이 바로 부모가 해야 할 일이다.